D1005331

Despierta con
CALA
Inspiraciones para una vida en equilibrio

Despierta con CALA

Inspiraciones para una vida en equilibrio

ISMAEL CALA

AGUILAR

Despierta con Cala

Primera edición: marzo de 2017

www.megustaleerenespanol.com

Diseño e ilustraciones: Ramón Navarro / Estudio Navarro
Fotografía del autor: Rubén Dario / www.rubendario.biz

ISBN: 978-1-945540-04-2

Printed in USA

Penguin
Random House
Grupo Editorial

Índice

INTRODUCCIÓN

He escrito este libro para visualizar nuestras experiencias e ideas en torno a la celebración de la vida. ¿Te imaginas un largo viaje a través de una cuerda floja? Cierra los ojos y piénsalo. Nos vemos como equilibristas, con las manos abiertas, caminando por la cuerda floja, mirando hacia adelante. Además, en un acto de malabarismo, intentamos jugar con siete pelotas: siete aspectos de nuestras vidas que corresponden a cada uno de los capítulos de este libro. No podemos dejarlas caer, ni mucho menos caer nosotros mismos al vacío.

La vida es el juego de caminar constantemente en una cuerda floja. Si miramos hacia abajo, nos aterramos ante la visión del abismo, tomamos conciencia del vacío al que podríamos caer. Ésa es la incertidumbre, porque, en la vida, el que no está dispuesto a abrazar la incertidumbre y los cambios constantes, tendrá que quedarse en el piso. No crecerá.

La única forma de avanzar es abrir nuestros brazos y caminar por la cuerda floja. Desde allí veremos despedidas, celebraciones, nacimientos, pérdidas... Un poco de todo, como la vida misma.

También podemos transformar la vida en beneficio nuestro. No luchar por mantener todo igual; la vida no vista como una lucha, es lo que nos han enseñado. Debemos dejar fluir la vida y entender el camino. El modo es mirar hacia adelante, no voltear constantemente hacia el pasado, porque esa antigua circunstancia ya no te define. Debemos convertirnos en artistas de la cuerda floja.

Vivir va más allá que sobrevivir; vivir es el tránsito de la supervivencia a un estado de creación. En ese proceso, somos artistas. Y no me refiero únicamente a pintores, escultores o escritores, sino a quienes somos capaces de trazar un camino en un lienzo en blanco. Ese lienzo que se llama destino.

Vivir es un acto de arte, magia y confianza. Muchas veces debemos abrazar lo desconocido, pero al mismo tiempo tener fe y certeza de que podemos crear un mejor futuro, viviendo el presente. El artista, ese que eres tú, camina por la cuerda floja, hace malabares con todas las pelotas, sin descuidar el paso.

Algunas pelotas son de cristal y otras de plástico. Unas pueden caer, rebotar y recuperarse; otras, no. Evitar que caigan depende de nuestra habilidad. Dominar el arte del equilibrismo es fundamental, pero también lo es la capacidad de despertar, es decir, de tomar conciencia de para qué vinimos a este mundo. Debemos ser capaces de responder preguntas aparentemente fáciles, pero en realidad muy complejas.

Por ejemplo, *¿quién soy?* no puede definirse con palabras. Se cuenta que cuando le preguntaron a Buda: "¿Quién eres?", él respondió: "El despertar". *El despertar* es la toma de conciencia de quiénes somos. Estar despiertos a un nivel de conciencia es entender que dentro de nosotros hay capacidades ilimitadas, posibilidades infinitas. Lo que pasa es que nuestras propias creencias nos limitan, nos encasillan.

Nuestra vida se limita a las dimensiones de unas cajas. Vivimos en una caja, que es nuestra casa. Trabajamos en otra, que es nuestra oficina. Y así podemos seguir enumerando: los edificios, las manzanas, los teléfonos, los autos. Estamos constantemente limitados a unas fronteras imaginarias o reales.

En el caso de nuestra mente, se ha acostumbrado a pensar dentro de esas fronteras. Nos asusta ir hacia lo desconocido, porque la mente no sabe cómo nombrarlo, porque no lo conoce. Eso nos aterra.

Este despertar no tiene nada que ver con levantarse por las mañanas. Es imposible que los seres humanos hayamos venido a este mundo para ser seres ordinarios. Todos nacimos con un destino extraordinario, tal y como planteamos en un reto de meditación junto al maestro Deepak Chopra.

Mucha gente visualiza su destino en comparación con lo que fue su pasado. Pero lo que queremos hacer con este libro es despertarte, decirte a ti, que ahora me estás leyendo, que el futuro será algo completamente diferente, superior y maravilloso, en comparación con el pasado e, incluso, con el presente.

Tu destino no es algo que habita en un futuro incierto y que aún desconoces. Tu destino radica en las huellas que vas dejando en el camino. Existe una enorme diferencia entre encomendarnos a un futuro desconocido y labrarnos todos los días, con cada paso, nuestro propio destino. Debemos pensar en el destino como un concepto en progreso continuo.

Este libro va dirigido a quienes creen que tienen un camino por recorrer, a las personas que vinieron a este mundo con la responsabilidad de tomar el control sobre sus decisiones, eventos y actitudes. Incluso, cuando estamos en una circunstancia que nos limita o asfixia, que no nos permite ser libres del todo, hay actitudes que podemos elegir. Entonces, el poder de elección casi siempre está dentro de nosotros, aunque nos priven de la libertad. Podemos elegir entre una actitud violenta o pacífica.

En la pasada Feria del Libro de Buenos Aires se me acercó una muchacha y me pidió que le firmara un libro para su padre. Me comentó que el señor estaba preso y desde la cárcel me seguía. Incluso en situaciones tan complejas, las personas tienen la opción de elegir qué hacer con su tiempo y energía. Al final, ambos elementos son muy importantes en nuestra vida.

Tras la cancelación de un vuelo, las personas atrapadas en un aeropuerto tienen la opción de elegir qué hacer: si descargar su ira y frustración contra el empleado de la línea aérea, que no tiene la decisión en sus manos, o sentarse a meditar, caminar, leer un libro, escuchar un *podcast* o ver una película. Todo tiempo de espera puede convertirse en tiempo productivo.

Este libro llega a tus manos porque me encantaría ser, en la distancia, un coach de vida para ti. Va dedicado a ti, mi querido lector.

Aspiro a que lo veas como un manual, un compañero, un material de consulta al que regresas una y otra vez. En estas páginas hay muchas frases que resonarán en tu mente y serán una especie de brújula o material de referencia en tu vida. Mi recomendación es que te subas conmigo a la cuerda floja y sigamos adelante. Siempre mira hacia adelante. Del pasado aprendemos, pero es mejor dejar atrás la historia que nos limita. Tampoco mires hacia abajo, porque entonces verás un vacío enorme. La distancia siempre va a ser la misma, y el peligro también.

Amar es arriesgado, porque puedes ser traicionado. Crear es arriesgado, porque vas a ser juzgado. Vivir sin sueños es un pecado.

De artista a artista, honro lo sagrado en ti.

Mente y espíritu

1

La relación
con la mente
es sagrada;
el secreto del
equilibrio de la
mente radica
en saber
entrenarla.

¿Qué es la mente? ¿Por qué es tan importante? ¿Cuál es la diferencia entre nosotros y los monos? ¿Es cierto que también nos parecemos a las moscas, a los ratones y a las bananas? ¡Totalmente cierto! Los seres humanos tenemos entre 25000 y 30000 genes, muchos de los cuales se asemejan a los de otros animales y plantas.

POR EJEMPLO:

- En el caso de las moscas, nuestros genes coinciden 23 por ciento.
- Por nuestra coincidencia genética con un hongo, somos 12 por ciento de levadura de cerveza.
- Lo de la banana tampoco es un mito: nuestra coincidencia es de 50 por ciento.

El dato más sorprendente es que tenemos aproximadamente un 99% de coincidencia genética tanto con los chimpancés como con los ratones. Lo de los chimpancés ya lo sabíamos. Pero tal vez no sabías que sólo tenemos 300 genes de diferencia con los ratones. No obstante, seguimos siendo mucho más parecidos a los chimpancés porque las moléculas de ADN que compartimos se asemejan más en estructura y número.

Entonces, ¿qué es lo que nos hace tan diferentes de un chimpancé o de un ratón? Lo que nos distingue es que podemos hacer un mejor uso de nuestra inteligencia. Tenemos no sólo una inteligencia intelectual e instintiva, sino también una con la capacidad de soñar, imaginar y de poner en contexto nuestras emociones para saber qué hacer con ellas.

CUIDA TU MENTE

Todos los días te lavas los dientes, limpias tus zapatos, ordenas tu casa y te peinas. Pero hay algo muy importante por hacer para cuidar de lo sagrado de tu mente: higiene mental. Es como si no pareciera importante dedicarle el tiempo necesario cada mañana y cada noche. Incluso, muchos desconocen de qué se trata.

La higiene mental se parece a lo que hacemos con las computadoras. Si el programa de antivirus nos muestra una señal de alerta, no la ignoramos. Inmediatamente realizamos alguna acción para que el virus no se instale.

La mente funciona de la misma manera, por eso es necesaria la higiene mental. El secreto del equilibrio en la vida humana radica en tomarse el interés, el tiempo y la energía para entrenar la mente.

ME GUSTARÍA QUE TE PREGUNTARAS:

- ¿La mente te domina o has sido capaz de entrenarla para no vivir en estado de supervivencia?
- ¿Vives en un estado de supervivencia o en uno de creación?

Muchas personas no se preocupan por adiestrar su mente. Terminan siendo analfabetos emocionales y no entienden cuáles son sus emociones, ni cómo administrarlas.

No pueden encontrar el equilibrio entre su cerebro lógico y racional y su cerebro creativo y artístico. Se la pasan tambaleándose en una cuerda floja, sin fijarse en que no todo es lógica.

Los seres humanos somos criaturas emocionales y no es aconsejable dejarnos arrastrar por la energía que desencadenan las emociones. Es más productivo guiar toda esa energía a favor de lo positivo y hermoso de la vida.

NO TODO ES LÓGICA

Muchas veces nos vemos obligados a tomar decisiones, aun cuando no tenemos la información completa. El verdadero liderazgo de vida consiste en usar nuestra mente sólo con esos fragmentos de información con los que contamos. Esto nos permite ser capaces de basarnos en la mente creativa para romper paradigmas, establecer tendencias y tomar decisiones que no sólo dependan de la lógica.

La manera en que usamos estos dos cerebros es justo lo que nos diferencia de otros, y nos permite ser únicos e irrepetibles. Precisamente, usar estos dos cerebros de la mejor manera posible es un asunto de inteligencia emocional.

A veces olvidamos que nuestras decisiones están condicionadas por las emociones. Un líder tiene que ser capaz de dominarlas con inteligencia emocional para lograr la conexión más sabia y sana entre razón y emoción. No podemos olvidarnos de que las emociones ejercen una gran influencia en la percepción del mundo, en el pensamiento y hasta en la memoria.

Debemos, también, cuidar nuestras actitudes con el poder de elegir. Éste consiste en que muchas veces no podemos dominar las circunstancias, pero casi siempre podemos escoger qué actitud tomar en medio de situaciones que nos puedan asfixiar.

En uno de los cursos que realicé con Atlantis University, "Liderazgo emocional", abordé el tema de la conexión entre razón y emoción, el equilibrio interno y el liderazgo. Cuando hablamos de equilibrio, nos referimos a ese punto exacto de la balanza en el que cuerpo y mente se mantienen al mismo nivel para crear una completa armonía. Este equilibrio nos ayuda a superar las situaciones negativas y sentir felicidad ante los retos que se nos puedan presentar.

El equilibrio emocional es necesario para realizar plenamente tus objetivos. Su ausencia impide alcanzar el éxito. Por ello es tan importante gestionar las emociones. El autocontrol es una capacidad básica para enfocar nuestra vida.

— Tu plan de acción —

EJERCICIO 1 VIERTE TUS PENSAMIENTOS

1. Todas las mañanas al levantarte, vuelca todos los pensamientos que vengan a tu mente en dos o tres páginas. Haz esto diariamente por una semana, para desbloquear todo lo que haya en tu mente y que sea inservible. También escribe todo aquello que desees agradecer. No mires todos los días lo que escribes.
2. Al séptimo día, estudia todo lo que hayas escrito.

Repite este ejercicio al menos por tres semanas, para que tu mente empiece a ir hacia la luz. Recuerda que una mente que va hacia lo negativo está sesgada, nublada y llena de prejuicios.

EJERCICIO 2 AGRADECE LAS BENDICIONES

Ya que sabes una nueva manera de comenzar el día, te invito a que lo termines con sello de oro.

1. Busca cinco razones para estar agradecido. Cada noche, piensa en aquello que pasó y te hace sentir agradecido de haber vivido un día más.
2. Agradece con toda la energía de tu corazón.

EJERCICIO 3 SOÑAR DESPIERTO

Por más que sea difícil de creer, puedes entrenarte para tener sueños lúcidos. Incluso, también puedes programar tu mente poniendo en ella visiones antes de dormir, para que luego se reflejen en los sueños. Es lo que algunos llaman soñar despierto.

1. Siéntate erguido en un lugar cómodo.
2. Concéntrate en tu respiración, inhalando y exhalando suave y profundamente.
3. Si lo prefieres, puedes cerrar los ojos o dejarlos abiertos mirando a un punto fijo.
4. Deja volar tu imaginación. ¿Con qué quisieras soñar? ¿Qué te haría dormir plácidamente?
5. Quédate unos minutos en silencio, enfocando toda tu atención en esas imágenes.
6. Cuando estés preparado abre los ojos o mira hacia otra dirección lentamente. Ahora ya estás preparado para dormir profundamente y tu mente está lista para mostrarte lo que deseas en tus sueños.

La mente es
un preciado terreno.
Debemos cultivar
un jardín o esperar
a descubrir
un oasis
en el desierto.

Existen estudios que hablan sobre nuestra predisposición genética para ser más o menos optimistas. En *El analfabeto emocional* expuse un estudio realizado por científicos de las universidades de Minnesota y Londres sobre el factor genético y la "heredabilidad" del carácter y la alegría. Estas investigaciones no le atribuyen más de 50% de herencia al panorama emocional, indicando que la alegría se puede edificar.

Ahora bien, en caso de una predisposición genética hacia la depresión, como es mi caso, debes tomar medidas para romper con esto. Tú puedes elegir qué camino quieres tomar. La gente suele escudarse en que lo que se hereda no se puede modificar, pero esto no es así.

¿DETERMINADOS POR NUESTROS GENES?

Bruce Lipton es un biólogo estadounidense que se ha atrevido a contrariar los paradigmas de esta rama de la ciencia. Lo hace con sus postulados de que el auténtico motor de la vida no son los genes, sino el entorno y la cooperación personal. Es justo en esto que se basa la epigenética, que expone de una manera muy amigable y clara en su libro *La biología de la creencia*.

Lipton dice que "no somos víctimas de nuestros genes, sino los dueños y señores de nuestro destino". Si bien la estructura genética no se puede cambiar de manera tan sencilla, sí se puede modificar el comportamiento de los genes a partir del reencuadre de nuestras creencias.

En otras palabras, se podría decir que son nuestros pensamientos y creencias los que controlan nuestra biología. No somos víctimas de nuestros genes. Por eso, Lipton sostiene que no debemos aceptar el determinismo genético.[1]

Pero la genética, a diferencia de lo que muchos creen, no sólo se refiere a lo físico. Ese porcentaje del que estamos hablando, el 50% que se hereda, está en la mente. Está comprobado que nuestras herencias no son sólo biológicas y psicológicas, sino que también son espirituales. Tiene todo el sentido si tenemos en cuenta que nuestra mente no es sólo intelecto sino que también es energía, ¿no?

UN TERRENO SAGRADO

El espacio más valioso de tu vida es la mente. ¿Por qué? Porque no podemos esperar a que nuestra vida sea maravillosa si nosotros no asumimos la responsabilidad de cultivar un jardín o seguir desatendiendo un desierto. Nunca olvides que la mente es un terreno sagrado en el que debemos dejar de echar culpas para poder cultivarlo. ¿A qué me refiero con esto? Pues a que las culpas y los resentimientos los hemos heredado hacia fuera, para no tomar responsabilidad hacia dentro. Y esto nos hace descuidar el terreno de la mente.

Entonces, tú no estás tomando responsabilidad de lo que hay dentro de esa mente, porque te la pasas echando culpas hacia fuera y estás viviendo en "modo piñata".

VIVIR EN MODO PIÑATA

¿Qué es vivir en modo piñata? Es permanecer colgado de una soga, con unos adornos muy lindos, pero manteniéndote inerte, esperando a que una fuerza externa te rompa. Cuando eso pase, descubrirás que lo que tienes dentro lo puso otra persona, porque ni siquiera pudiste hacerlo solo. Puedes caer desfondado o dar tumbos de lado a lado, ya sea por un golpe con un palo o por jalar las cintas de la piñata.

Eso es justo lo que hacemos cuando descuidamos por completo lo que otras personas han puesto en nuestra mente, llámese educación (que yo llamo domesticación) o familia. Hay padres que, con la mejor de las intenciones, nos transmiten sus valores, principios y creencias, heredadas de generaciones y generaciones. A nosotros esa herencia ya no nos funciona.

EL OPTIMISMO COMO DECISIÓN

El optimismo es un estado de ánimo que provee fortaleza y autoconfianza para lograr lo que nos proponemos y no perder nunca la esperanza. Es una gran herramienta porque nos convence de que los sueños siempre están a nuestro alcance y que son posibles.

LAS PERSONAS OPTIMISTAS SE CARACTERIZAN POR:

- No atemorizarse ante los problemas. Sacan a flote su creatividad y energía positiva para darles solución.
- Permanecer fuertes ante la adversidad. No significa que no se doblegen, sino que toman una actitud de aprendizaje y resiliencia para seguir adelante.
- Confían, con toda su energía, en que todo va a salir de la mejor manera posible. Eso es justo lo que atraen a su vida.

Sin duda, el optimismo nos permite vivir con mentalidad de vencedores. ¡Con esta mentalidad siempre hay amaneceres, y sin ella, noches eternas! Nos ayuda a desarrollar una mente amplia y dispuesta a reformarse cuantas veces sea necesario.

Hay un concepto que me gusta mucho: optimismo inteligente. Lo conocí gracias a la consultora Dos Abrazos, y se define como una actitud de acción y de cambio para ver el mundo tal como está, pero con la convicción y la confianza de que esa realidad puede mejorar. No se trata de una cualidad, sino de una actitud que te permite creer, confiar y desarrollar comportamientos para generar oportunidades.[2]

POR EL CONTRARIO, UNA PERSONA PESIMISTA SE CARACTERIZA POR:

- Adecuarse a lo que tiene y a lo que no tiene. Es conformista, no aspira a nada más.

- Permanecer dominada por el temor a enfrentar los retos de la vida.
- Siempre ver el vaso medio vacío y dejar pasar las oportunidades.
- Vivir inmersa en la desesperanza y el desánimo, causando posibles estados de ansiedad y depresión.
- Ante situaciones difíciles, convencerse de que todo va a salir mal.

Lo bueno es que ser optimista o pesimista es una elección de vida. Depende de nosotros decidir cómo queremos empezar cada día. Es nuestro deber resolver con qué lentes queremos ver la realidad. El optimismo no es sólo la creencia de que algo bueno va a suceder. Se trata de un estado proactivo de la mente. No basta sólo con ponerlo en nuestros pensamientos, sino que debemos hacer nuestro mejor esfuerzo para que las cosas sucedan.

La actitud optimista tiene un gran impacto en cada aspecto de tu vida, principalmente en la salud. Hay casos de personas que, gracias a su actitud optimista, tienen mejor recuperación frente a cirugías y enfermedades y, además, disminuyen las recaídas en las enfermedades.

Conozco el caso de una persona a la que le detectaron un cáncer, aparentemente leve. En el momento de la cirugía, los médicos se dieron cuenta de que su magnitud era mucho mayor y el procedimiento se volvió más complejo. Desde que le dieron la noticia de su enfermedad, jamás se llenó de preocupación. Por el contrario, la afrontó con gran alegría y agradeciendo el hecho de que los médicos hubiesen encontrado el cáncer por casualidad.

A pesar de la enfermedad, él nunca tomó una actitud de desesperanza o pesimismo, sino que se llenó de más energía. Quienes le rodeaban se sorprendían cuando se enteraban de que tenía cáncer, tomándolo casi como una sentencia de muerte. Mientras que él siempre respondía lo mismo: "Eso fue sólo un cancercito, y yo lo cuidé mucho para que él me cuidara a mí. ¡Y ese año fue el mejor de mi vida! ¿A quién le descubren un cáncer, que resultó ser algo complejo, y lo operan ahí mismo? ¡Tengo la dicha de estar como nuevo!"

Éste es un muy buen ejemplo, entre cientos de casos, de cómo ver el panorama de forma positiva puede ayudar a alejar dolencias físicas, pero también luchas y problemas del día a día. El optimismo es fundamental para cultivar el jardín de la mente. Si no lo cultivas, la mente te gana y te quedas en estado de supervivencia.

LA COMPLEJIDAD DEL CEREBRO

Como ya sabemos, el cerebro es tremendamente complejo debido a la cantidad de neuronas que contiene y que crean un número incalculable de conexiones entre ellas. Para entenderlo mejor, nuestro cerebro está dividido en tres elementos: el cerebro reptiliano, el cerebro límbico y la corteza.

El cerebro *reptiliano* se encarga de lo más básico, es decir, del instinto. Por ejemplo, nos hace huir de los peligros cuando es necesario. Luego se formó el *cerebro límbico,* encargado de regular las emociones e impulsos. Más adelante, se formó la *corteza,* y aquí es cuando aparece la capacidad de pensar de forma abstracta, de percibir la realidad y desarrollar una rica vida emocional.

La cuestión con el cerebro reptiliano es que el "cocodrilo" (llamado así porque lo heredamos de los reptiles) a veces nos gana. El cocodrilo siempre tiene que estar alerta y pensar en el peor de los escenarios para que sobrevivamos. Pero no debe guiar nuestra vida, porque entonces siempre permaneceríamos en modo de vigilia o supervivencia.

Un video de EducarChile explica muy bien la complejidad del cerebro humano, ligado a nuestra capacidad de crear e innovar. Estas habilidades están absolutamente en todos nosotros. Pero, entonces, ¿qué es lo que nos impide permanecer llenos de buenas ideas y ejecutarlas, en vez de sólo escuchar las de los demás? En "Los enemigos

de la creatividad", EducarChile expone una razón muy poderosa. Y es que el cocodrilo que habita en nuestro interior es la parte más rudimentaria, y controla nuestras funciones básicas relacionadas con la supervivencia. Ésta es la primera parte del cerebro, que reacciona ante todo lo externo y lo asume todo como una amenaza, incluso las ideas de los demás. Llega al punto en que, incluso, nuestras propias ideas nos asustan.

Nuestro pasado tiene que ver mucho con esto. Los errores que tuvimos, lo que otros nos dijeron, la educación... Así que necesitamos deshacernos urgentemente del pasado y reemplazarlo con una idea tremendamente poderosa que nos inspire a la acción. ¡A desempolvar la creatividad y a empezar a usarla a diario! Somos creativos de manera innata, pero también poseemos una resistencia a dicha habilidad. Entonces, cada vez que surja una idea y algo te esté deteniendo, haz una pausa y muéstrale al cocodrilo quién está a cargo.[3]

LA FELICIDAD ES ESPIRITUAL

A propósito del primer Día Internacional de la Felicidad, en 2013, la BBC recopiló algunas de las sugerencias realizadas por Richard Layard en "Acción para la felicidad" y de algunas personas en redes sociales. Según Layard, "felicidad significa calidad de vida, tal como cada uno lo experimente", y sugiere que si viviéramos contribuyendo a la felicidad de todos, tendríamos un mundo más unido.

Entre las muchas sugerencias que se recopilaron, a continuación comparto algunas y te invito a que las empieces a incluir en tu vida:

- Vivir en el aquí y el ahora, es decir, no te lamentes del pasado ni ansíes el futuro.
- Busca siempre lo bueno en los demás.
- Agradece cada una de las bendiciones que tienes en la vida.
- Sirve a los demás, aun cuando sea con un pequeño gesto como una sonrisa.
- Sal de la rutina y busca hacer algo creativo.
- Medita y relájate.
- Conéctate con la naturaleza y con tus seres queridos.[4]

La Universidad de Harvard, con el doctor Robert Waldinger como director, realizó el "Estudio del desarrollo adulto", al que le han dedicado muchos años. El propósito es demostrar que la felicidad no se obtiene de la acumulación de bienes materiales. Durante 78 años, los investigadores monitorearon a más de 700 hombres, a los que después se añadieron sus esposas e hijos. Este seguimiento demostró que la clave para ser felices está en las relaciones que se cultivan, ya sean filiales, laborales, de pareja o de amistad. Vale la pena aclarar que esto no se refiere a establecer miles de relaciones, sino a que sean vínculos de calidad. Se demostró también que esto va ligado a tener una buena salud y un mayor bienestar. Así que a "cultivar relaciones constructivas, que nos permitan crecer, apoyándonos mutuamente en otros", como dice el psicólogo Rodrigo Brito.[5]

La felicidad no es la meta, sino el lugar donde empieza todo. Llegar o no a la felicidad absoluta depende de muchos factores, como ya nos hemos dado cuenta.

ES TU RESPONSABILIDAD

Facundo Cabral decía que "culpar a los demás es no aceptar la responsabilidad de nuestra vida, es distraerse de ella". Bien hizo el cantautor y escritor en afirmarlo, porque nada de lo que nos pasa tiene que ver con los demás, sino única y exclusivamente con nuestros pensamientos.

Cada uno es responsable de su propio bienestar y felicidad. Pero nos la pasamos echándole la culpa a otros o a cualquier situación. Culpamos a nuestros padres por no habernos dado la vida económica que soñábamos cuando niños; a nuestros jefes, cuando nos despiden; a nuestra ex pareja, porque la relación no funcionó; a nuestros profesores, por nuestras carencias en la vida profesional... ¡Y la lista sigue!

Pero ¿alguna vez te has detenido para preguntar cuál es tu responsabilidad en cada situación? Cuesta trabajo, así que preferimos llenarnos de excusas y pretextos para seguir echándole la culpa a los demás. Esto es muy fácil de hacer, pero es un comportamiento tremendamente dañino. La culpa te hace ver el mundo con lentes de víctima.

¿Y si en vez de lamentarte o responsabilizar a los demás, te preguntas por qué y para qué pasó lo que pasó? Así podrías convertir la situación en aprendizaje y responsabilizarte por tus actos. No culpes a los demás de lo que te sucede.

— Tu plan de acción —

EJERCICIO 1 CÓMO CULTIVAR EL JARDÍN DE TU MENTE

Escoge aquello que pones en tu mente. Por ejemplo, si lo primero que haces en la mañana es ver un noticiero o leer el periódico, que casi siempre están llenos de eventos negativos, sin ponerte algún antídoto que programe tu día contra el veneno, la desidia y los sentimientos tóxicos, ¿cómo esperas que lo que te llega del mundo externo no sea lo que rija tu día?

Antes de ponerte en contacto con el mundo exterior, todos los días, coloca abono en el jardín de tu mente.

1. Puedes hacerlo con una lectura corta, de 15 minutos, o, por ejemplo, con un audiolibro. Pero no debe ser de mero entretenimiento, sino de crecimiento personal, superación o cualquier otro tema que enriquezca tu sabiduría y autodescubrimiento.
2. Reflexiona acerca de la lectura y ponla en práctica en la cotidianidad.

EJERCICIO 2 CONTEMPLA Y SIENTE

1. Cada semana, reserva un día para no hacer nada y simplemente practicar el acto de contemplar y sentir. Si tienes la excusa de que no puedes tomarte un día completo para ti, al menos hazlo durante medio día o un par de horas. Te será muy útil para darte cuenta de que vivimos en el mito, completamente erróneo, de que todo tiene que ser a una gran velocidad.
2. Dedícate a no hacer nada, literalmente. Aprovecha para escuchar tu diálogo interior y equilibrarlo.

¡La espiritualidad llena de sentido la existencia porque es su esencia misma!

El "yo espiritual" es nuestra parte más sagrada y la que contiene nuestra esencia. Es nuestra conexión directa con el mundo y con nuestra alma. Cuando sentimos dudas sobre nuestro propósito de vida, el mejor camino es acudir a nuestro "yo espiritual", escucharlo con plena atención y conectarnos con nuestra propia energía.

DESPERTAR DE LA CONCIENCIA DIVINA

La espiritualidad no es religión. Puede formar parte de tu mundo espiritual, pero la religión se rige por un sistema de dogmas y creencias establecidos por instituciones creadas por el ser humano. La espiritualidad no es mirar hacia afuera, es entender que dentro tenemos una pequeña brújula que nos guía hacia el verdadero carácter divino y sagrado de nuestra existencia.

Sant Rajinder Singh Ji Maharaj, un reconocido instructor en el arte de la meditación, define la espiritualidad como "un despertar a la conciencia divina que está dentro de nosotros". La espiritualidad debe responder a quiénes somos, qué somos y por qué estamos aquí. Son bastantes preguntas, pero si aprendemos a escuchar con atención nuestro espíritu, obtendremos las respuestas.

Otro concepto que me gusta mucho es el del poeta y escritor Pietro Grieco, quien manifiesta que los componentes fundamentales de la espiritualidad son:

- Energía como fortaleza mental y física y dominio propio.
- Cualidades como la bondad y la compasión.
- Valores como la verdad, la justicia y la paz.

Además, agrega que "es la fuerza que nos resucita con amor cada día. La espiritualidad es lo que da sentido a nuestra existencia y sentido a nuestro camino".[6]

La espiritualidad en busca de la iluminación, que es el autodescubrimiento y el propósito del porqué estamos aquí, es lo que se llama *dharma*. El *dharma* es dar una mirada hacia adentro. De hecho, yo le llamo "reto de la inmersión del alma profunda", porque mucha gente cree que iluminarse es ascender al cielo, al Olimpo. No hay tal Olimpo, o al menos yo no lo he descubierto todavía. Existe en la mitología, pero no en esta dimensión.

> **Pero sí estoy seguro de que el paraíso interior existe y es donde podemos encontrar sentido de vida, propósito, plenitud y goce. Nada de esto lo encontramos por fuera; la búsqueda debe empezar dentro de nosotros mismos.**

¿COINCIDENCIA O SINCRONÍA?

Revisemos el concepto *sincrodestino*, de Deepak Chopra, que es la conjunción de la coincidencia y el destino. Esto es el resultado de la inteligencia del universo que orquesta todo, hasta los sucesos de nuestra vida diaria.

Conectarnos con nuestro "yo espiritual" nos ayuda a reconocer y a confiar en que existe un ritmo de vida que hace que todo venga a nosotros, sin esfuerzo alguno. Todo se sincroniza con nuestro destino. Al principio, todo podría parecernos una coincidencia o un milagro, pero la realidad es que al estar conectados con todo y con todos, el universo nos reparte abundancia y bienestar.

Cada quien tiene un "yo espiritual", no es un privilegio de unos pocos. Simplemente, debes conectarte con él, por ejemplo a través de la meditación. Es la oportunidad perfecta para que te veas tal como eres, como algo sagrado y mucho más poderoso de lo que te imaginas. Mantener la mente en calma es la llave para que la puerta de la espiritualidad se abra. Es por eso que es fundamental prestar atención a nuestro interior, para encontrar la calma y caminar de manera más tranquila y segura por la vida.

— Tu plan de acción —

EJERCICIO 1 ¿COINCIDENCIA O SINCRONICIDAD?

Te propongo hacer un ejercicio para que te cuestiones si la coincidencia realmente existe.

1. Piensa en alguien con quien no hayas tenido contacto en mucho tiempo, y cuando lo hagas, llénate de energía mientras que te concentras en él o ella.
2. Repite este ejercicio en varios momentos del día por varios días, y verás que no pasará mucho tiempo hasta recibir un mensaje o una llamada de esa persona. Seguro por tu mente pasará: "¡Qué coincidencia!" Pero no lo es. Es parte del sentido espiritual de nuestra esencia misma, y es justo lo que Chopra llama *sincrodestino* o *sincronicidad* de nuestro destino.

EJERCICIO 2 EL SENTIDO DE LA EXISTENCIA

Te propongo que respondas estas cuatro preguntas:

1. ¿Quién soy?
2. ¿De dónde vengo?
3. ¿Qué es lo que realmente quiero?
4. ¿Para qué sirvo?

Cuando lo hagas, estarás en capacidad de entender el sentido de tu existencia y podrás evaluar si vives como un ser espiritual o, si por el contrario, estás inmerso en una vida materialista que te ha estado consumiendo.

El bienestar espiritual y la paz interior a través de la meditación y la oración equilibran el sistema nervioso.

Los temperamentos y el sistema nervioso dependen, muchas veces, de qué tan capaces somos de crear nuestro propio bienestar y paz interior y, además, de desarrollar la paciencia. ¿Qué es la paciencia? A mí me gusta llamarle la "ciencia de la paz". Esto implica que tu interior esté sereno y que vives el momento presente con calma.

Está comprobado que la mejor decisión que podemos adoptar es disfrutar el momento, el aquí y el ahora. Éste es el único tiempo real, porque el pasado ya no existe. Mientras sigas comparándote con tu pasado, no vas a poder crear un futuro prometedor. En cuanto al futuro, a éste sí tenemos que anticiparnos, porque es justamente la posibilidad de soñar, imaginar y volar como seres humanos. Pero seamos cuidadosos, para no hipotecarle al futuro nuestro bienestar espiritual y paz interior.

APACIGUAR LA MENTE

El gurú Paramhansa Yogananda afirma que "la práctica sincera de la meditación aporta una felicidad profunda. Esta nueva felicidad eterna no nace del deseo; se manifiesta mediante el control mágico de tu tranquilidad interior, que nace de forma intuitiva".[7] Meditar es apaciguar la mente y liberarla del diálogo interno y de los pensamientos tóxicos que usualmente tenemos.

La meditación tiene grandiosos beneficios. Según mi gran amigo Deepak Chopra, el maestro espiritual y gurú de la meditación, hay cinco razones principales para meditar:

- Es la forma más efectiva de manejar el estrés.
- Mejora tu concentración, memoria y capacidad de aprendizaje.
- Aumenta tu creatividad y capacidad para resolver problemas.
- Ayuda a crear relaciones más amorosas y armoniosas.
- Reduce la depresión, la ansiedad y el insomnio.

Teniendo esos beneficios en mente, Deepak Chopra y yo preparamos diferentes ejercicios de meditación de 21 días. Te invito a que visites IsmaelCala.com/meditacion, donde encontrarás cuatro retos que deberías experimentar: "Salud perfecta", "Creando abundancia", "Relaciones extraordinarias" y "Destino extraordinario".

En el libro *El yoga de la meditación: serena la mente y despierta tu espíritu interior*, Stephen Sturgess agrega las siguientes ventajas:

- Facilita un precioso tiempo para ti.
- Incrementa tu sensación de paz y calma.
- Estimula tu capacidad para resolver los retos diarios.
- Vigoriza tu cuerpo de adentro hacia afuera.
- Permite que te consideres más unido a ti y al mundo.
- Provoca la alegría en todos los aspectos de tu vida.[8]

La meditación es purificación y combustible para el alma, y se convierte en el espacio de conexión pura e indivisible con el ser.

Es la fase de contemplación y presencia del presente, que crea un sentido de pertenencia con algo más que el mundo ordinario. Es parte de un ejercicio de voluntad y disciplina que se hace con toda conciencia en cualquier parte en la que encontremos tranquilidad, silencio y paz.

> **Además, los resultados de la meditación se reflejan químicamente en el cerebro: hace que te sientas más positivo, centrado, paciente, armónico y tolerante. Sin duda, es la mejor inversión que puedes hacer en ti mismo para escuchar de manera más directa tu alma.**

LA FE, MÁS ALLÁ DE LA RELIGIÓN

La fe es tener confianza en algo o en alguien, y no necesariamente está ligada a la religión. Se puede tener fe en uno mismo, en la vida, en alguien más, en Dios, entre muchas otras cosas. La fe va mucho más allá de las doctrinas religiosas. Entre las definiciones del diccionario de la RAE para "fe" se encuentran:

- Confianza, buen concepto que se tiene de alguien o algo.
- Seguridad, aseveración de que algo es cierto.

De manera que saquemos de nuestra mente que la fe es exclusivamente propia de la religión, y pensémosla como la convicción y certeza acerca de algo o de alguien. Se convierte así en la determinación de obtener lo que te conviene, porque se tiene la seguridad de que así será.

Tener fe en ti mismo ayuda a la autoconfianza y a que luches con pasión por aquello que estás haciendo o quieres hacer. Tendrás la seguridad de que saldrás triunfante. Quiero aclarar que la fe no se debe confundir con obtener aquello que profundamente deseas, porque si no lo obtienes, la fe se desplomará. La diferencia radica en que la fe es la certeza de que la vida, el universo o Dios responderán a tus deseos y se confabularán para darte la mejor respuesta, que no es necesariamente la que tú esperas, pero con seguridad es la que más te beneficia.

También podrías tener fe en la vida, en general, lo que implica que crees plenamente en el amor y la conexión con los demás, facilitando todas tus relaciones, aun cuando sean con personas desconocidas. Esta fe te dota de un don de servicio. ¿En qué tienes fe? Por mi parte, tengo fe en la magia del universo que nos conecta a todos, en la bondad de los seres humanos y en Dios. Éste es, sin duda, el resultado de mis creencias.

A la ciencia le resulta difícil comprobar la fe porque es algo totalmente abstracto y que corresponde a la parte espiritual de los seres humanos. Pero esto no significa que el diálogo entre la fe y la ciencia sea un imposible.

Por ejemplo, el padre Manuel Carreira afirma que la fe humana lo obliga a aceptar cosas que no entiende. En su opinión, si no lo hacía, no podía progresar "ni en la ciencia ni en ningún otro ámbito... Pero no es posible entender cómo pueden conciliarse. Nadie lo entiende".[9]

A mí me gustaría agregar algo que muchos abuelos dicen: "No se pierde nada con creer, pero sí se puede perder mucho al no creer". Hay muchas personas que reciben un diagnóstico médico, que incluso puede ser fatal, y se salvan, como en el caso que te comenté páginas atrás. De hecho, se recuperan milagrosamente. Y digo milagrosamente, porque no sólo se salvan por los excelentes tratamientos médicos que reciben, sino también gracias a la fe.

En estos casos, la fe se convierte en la certeza de que no se van de este mundo y de que van a sobrevivir.

En cuanto a mí, puedo decir que por medio de la meditación, el optimismo y la fe he ido creando una personalidad mucho más tranquila y calmada. En la escuela secundaria básica solían llamarme *Fosforito*, porque era como una antorcha de soldar, que sólo lanzaba fuego. Y entonces, si alguien me proyectaba emoción, me convertía en un espejo refractor y multiplicador que lanzaba de vuelta mucho más.

Gracias a la meditación, la fe y el crecimiento espiritual, mi sistema nervioso ha cambiado y ya no vive en constante alerta. Ahora, en vez de alterarme, me tomo un tiempo para respirar y meditar.

— Tu plan de acción —

EJERCICIO 1 RESPIRACIÓN NADI SHODHANA

La respiración *nadi shodhana* consiste en respirar alternativamente por cada fosa nasal. Esto ayuda a purificar la energía del cuerpo para que fluya mejor. El objetivo de este ejercicio es energizar tu cuerpo y tranquilizar tu mente.[10]

Este tipo de respiración es sumamente beneficiosa, pues, si la alternamos, se equilibra el flujo de aire entre ambos orificios y entre los hemisferios cerebrales. Se relaja el sistema nervioso para centrar tu mente y concentrarte mejor. Incluso sirve como preparación para meditar.

1. Empieza por sentarte en una postura cómoda, en posición erguida para no obstaculizar el flujo de aire a tus pulmones y abdomen.
2. Cierra los ojos y relaja todo el cuerpo.
3. Concéntrate únicamente en tu respiración.
4. Una vez que te conectes con tu ritmo natural de respiración, relaja tu mano izquierda sobre tu rodilla izquierda con la palma hacia arriba. Mientras tanto, dobla los dedos índice y del corazón de tu mano derecha hacia la palma y mantén los dedos pulgar, anular y meñique extendidos.
5. Exhala todo el aire de tu abdomen y pulmones, y con tu mano

derecha en la posición que acabo de describir, cierra el orificio derecho de tu nariz con el pulgar.

6. Inhala lentamente por el orificio izquierdo durante cuatro segundos.
7. Luego, cierra el otro orificio usando tu dedo meñique y anular, y exhala por tu orificio derecho durante cuatro segundos.
8. Alterna la respiración por cada fosa nasal hasta que te sientas completamente relajado, en control de tu respiración y con tu mente tranquila.
9. Haz este ejercicio todos los días. Ojalá que se convierta en un hábito para revitalizar tu cuerpo y tu mente, porque respirar es vivir.

EJERCICIO 2 MEDITA

Quiero revelarte una de mis "siete llaves": una serie de reflexiones meditativas en las que entrego llaves para diferentes puertas, con el propósito de conseguir una vida plena, feliz y de excelencia. En esta oportunidad te quiero invitar a que me acompañes en este sendero de crecimiento espiritual hacia la puerta de la gratitud.

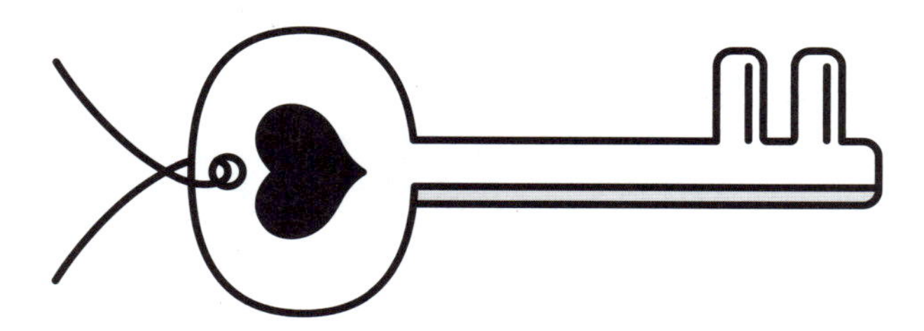

Seleccioné esta puerta porque llenarse de gratitud es muy edificante en cada momento de la vida: aumenta la felicidad y la autoestima y aleja gran parte de los sentimientos y pensamientos tóxicos:

1. Ahora sí, en una posición cómoda que te permita mantener la espalda derecha, coloca las manos sobre tu regazo y cierra los ojos suavemente.
2. Respira lenta y profundamente, prestando atención al ritmo de ésta. Inhala paz y amor y exhala preocupaciones y rencores.
3. Dirige tu atención hacia tu interior, sintiendo tu corazón, y agradece por cada uno de los latidos que te mantienen con vida, a pesar de que nunca pienses en ellos.
4. Imagina que atraviesas una puerta hermosa y que apareces en medio de un maravilloso jardín. Tu corazón se llena de tranquilidad y tu ser de bienestar.
5. Con esta sensación de serenidad, toma unos minutos para que agradezcas todas las bendiciones que hay en tu vida. Puedes dar gracias por la vida, por la persona que eres, por tus habilidades, por tu casa, por cada uno de tus sentidos, por tu familia... Siente con todo tu cuerpo la emoción de estar viviendo en gratitud y abundancia, porque eres un canal de bendiciones.
6. Decreta: "Yo soy una persona agradecida. Mi corazón está lleno de gratitud. Mi ser está lleno de gratitud. Mi espíritu está lleno de gratitud".
7. Cuando estés preparado, camina a través de la puerta que al inicio atravesaste. Te sientes feliz y en paz.
8. Abre los ojos cuando lo desees o quédate un momento en quietud para sentir la tranquilidad.

Si quieres realizar esta meditación completa y continuar abriendo las otras puertas hacia la plenitud, el bienestar y el éxito, puedes consultar IsmaelCala.com.

El cerebro
es el disco duro,
la mente es el
software. Tus
creencias son los
archivos sobre
los cuales se rige el
programa de
tu vida.

Estamos acostumbrados a celebrar los grandes hitos y logros de nuestra vida. Sin duda, pensamos permanentemente en el éxito, pero descuidamos el estudio de nuestras creencias. Piensa en cuál es la historia que te cuentas y te repites sobre tu propia vida. Te propongo que lo hagas porque, al menos yo, durante muchos años, me victimicé. Hablaba siempre con lástima sobre mi papá, sobre la herencia de esquizofrenia y sobre los suicidios, desde un punto de vista de tabú y vergüenza.

Cuando por fin decidí cambiar esa historia antigua por una nueva, sin culpas ni remordimientos, dejé la pesada mochila que cargué durante muchos años y me liberé. Sólo con hablarlo, me sigue liberando.

Toda la información que tienes almacenada en tu disco duro, y a la que constantemente das vueltas, son los archivos de las creencias que rigen tu vida. Hasta que no decidas desclasificarlos y hacerlos públicos, no vas a dejar de ser un esclavo. En algún momento, debes tener la valentía de soltar y compartir con otros los temas que te han venido esclavizando.

Dejar de ser víctima es la única manera de alcanzar el éxito. Me gusta mucho la definición de mi amiga Mariela Dabbah sobre el éxito. Ella dice que no es un fin, sino un camino que cada cual diseña. Con esto dejamos de lado lo que la sociedad nos dice del éxito: que debemos acumular muchos bienes materiales, qué tenemos que hacer y hacer todo el día, que entre más trabajos tengamos, mejor, etcétera. En realidad, debemos concentrarnos en el éxito que es realmente importante, el que nosotros construimos, según nuestro propósito de vida.

Así podremos crecer y desarrollarnos. ¿Qué es crecer? ¿Qué es obtener desarrollo personal? Pues bien, crecer es estirarnos, salir de nuestra zona de confort y tomar el control de nuestra vida. Y eso necesariamente implica que busquemos transformarnos en mejores seres humanos. El objetivo es dirigirnos hacia una mejor vida, hacia la vida que nos merecemos y que queremos. Por eso, crecer está ligado a la búsqueda de la excelencia, porque para crecer se requiere de un mejoramiento constante.

Nuestro desarrollo personal no tiene límites. Nosotros elegimos ponerle barreras. Dediquémonos cada día a buscar cómo continuar creciendo.

La física cuántica lo demuestra: podemos tener un desarrollo exponencial cuando vamos acumulando los efectos del día a día, cada día. ¿Quieres cambiar tu mente? Si estableces nuevos hábitos, va a llegar el momento en que tu mente no irá hacia lo negativo y dejará de ser un desierto. Será un jardín en el que se expanda el umbral de merecimiento.

CREENCIAS Y HÁBITOS

Recuerda que, como dijo Einstein, metemos todas las creencias en la mente racional de la que nos volvemos sirvientes fieles. Si seguimos honrando al sirviente, si seguimos siendo esclavos del ego, las creencias y la historia pasada, estamos dejando de celebrar el regalo de la intuición y del arte que es nuestro cerebro creativo.

Otra cosa muy importante son los hábitos. Hay un libro de Charles Duhigg, *El poder de los hábitos*, que demuestra que es mucho más importante lo que haces un poquito, todos los días, que lo que intentas hacer una vez cada cinco años, aunque te parezca gigante. Y esto tiene todo el sentido, porque los saltos cuánticos muchas veces se producen por acumulación.[11]

Pero ¿qué es un salto cuántico? La escritora Eleonor Fritsman lo define como el momento cuando el núcleo de un átomo "es excitado por una gran cantidad de energía y entonces pasa de una órbita a otra con una carga energética mayor". Según explica, hay momentos del planeta y las sociedades en que la energía acumulada "genera una tensión excepcional e impone la necesidad de una transformación".[12]

EL VALOR QUE TE DAS

Desde el punto de vista espiritual, nos acostumbramos a vivir con lo suficiente, porque no creemos que merezcamos más. Y lo cierto es que la vida multiplicará el sentimiento del que te empoderes, ya sea el éxito o la tristeza. Para atraer abundancia, aspira a tener más de lo que necesitas para compartirlo con los demás.

Vivimos en verdadera abundancia cuando sentimos gozo, salud y felicidad en cada momento y en cada aspecto de nuestra vida. La abundancia no es algo que haya que buscar. Por el contrario, necesitamos darnos cuenta de que está dentro de nosotros. Ya sabes que los deseos y sueños están a tu alcance si estás en disposición de recibirlos y compartirlos con los demás, así que abraza el concepto de la abundancia.

Tu éxito depende, en gran medida, de lo que crees que vales. Si no sabes lo que vales, nadie te regalará ese valor, ni mucho menos lo amplificará. Si no eres capaz de darte tu propio valor, saber lo que te mereces y potenciar tus sueños, no vas a estar preparado para vivir tu propósito de vida. Recuerda que si no entra en tu mundo, no cabe en tu mundo, no llega a tu vida.

LA PLASTICIDAD DEL CEREBRO

La neuroplasticidad es muy importante porque explica muy bien la posibilidad de jugar con nuestro cerebro, aunque sea un disco duro, porque no es tan rígido como parece. ¿Recuerdas haber oído hablar del cementerio de neuronas? Mi abuela me dijo que, a los 21 años, el cerebro dejaba de crecer. Pero los científicos han demostrado que eso no es cierto, según el concepto de la neuroplasticidad del cerebro.

Esto quiere decir que no importa tu edad; si mantienes suficientes estímulos nuevos de aprendizaje en el cerebro, siempre vas a poder estimular nuevas conexiones.

A este proceso se le llama sinapsis. Lo que hace es ayudar a que el cerebro se entrene y reinvente. Pero no se trata sólo de aprender miles de cosas, sino también de desaprender. Este tema lo trata Enric Corbera en su libro *El arte de desaprender.* La idea fundamental de Corbera es que no se pueden cambiar las situaciones y hechos que se han vivido, pero sí se puede transformar la manera de verlos, haciendo un cambio en la percepción de la realidad. Así, según Corbera, lo que se busca es "crear unas condiciones emocionales lo suficientemente potentes y llenas de energía para cambiar los acontecimientos".

Para esto, él propone cuestionar la realidad interior y tomar conciencia de que cada cosa que está pasando hoy en día puede alterar fácilmente paradigmas pasados que, de manera inmediata, nos harán vivir en un futuro distinto.[13]

El primer paso para lograrlo es algo de lo que también hablo en mi conferencia "Creer, crear, crecer". Y es que las creencias, aquello que tomas como cierto, y las formas de comprender tu vida deben ser permanentemente cuestionadas con la conciencia de que tu verdad es sencillamente eso, y nada más que tu verdad. Logramos desaprender cuando, para poder establecer un nuevo hábito y creencia, debemos hacer un hueco y dejar un espacio vacío.

Por ejemplo, no puedes creer en un Dios que no castiga, si toda la vida te dijeron que Dios te persigue constantemente por todos los pecados que cometes a diario. Si el Dios en el que crees y has creado en tu mente no tiene misericordia y constantemente te está juzgando, no puede haber en tu mente un Dios que te ama y empodera.

— Tu plan de acción —

EJERCICIO 1 EVALÚA TUS CREENCIAS

La razón por la cual hoy en día somos lo que somos se debe a nuestras creencias que, por lo general, fueron condicionadas desde que éramos niños. Te invito a que hagas un viaje al pasado y analices quién eras hace unos años, quién eres hoy. Completa las siguientes frases con lo primero que se te venga a la mente:

- Cuando era un niño era...
- Mi época de adolescente fue de...
- Me hace feliz cuando alguien más...
- De niño pensaba que los adultos eran...
- Recuerdo que una vez mis padres me dijeron...
- Cuando era adolescente, me comportaba...
- Para mí soñar despierto es...
- De niño le tenía miedo a...
- Siempre he pensado que jamás podría ser...
- De adolescente pensaba que el mundo era un lugar...
- Una persona que admiro debe ser...
- De niño nunca creí en...
- De adolescente me enfadaba cuando...

AHORA TÓMATE UN TIEMPO PARA ANALIZARLAS:

- ¿Qué te dicen de tu niñez, tu adolescencia y tu presente?
- ¿Encuentras algún patrón?
- Hazte las mismas preguntas de cuando eras niño y adolescente, trayéndolas al tiempo actual, y revisa cómo están tus creencias.
- ¿Qué vas a hacer para modificar esas creencias que hoy te están limitando?

EJERCICIO 2 CAMBIA CREENCIAS POR AFIRMACIONES

En *El camino del artista*, Julia Cameron habla de las creencias negativas como un agente bloqueador de la creatividad. Si bien lo aborda desde el punto de vista de los artistas, podemos trasladarlo a la vida de todos. Las creencias negativas bloquean nuestra capacidad de crear en cualquier aspecto de nuestra vida.

Cameron afirma que el miedo a crear "rara vez es una decisión consciente. Suele ser, más bien, una respuesta inconsciente a creencias negativas interiorizadas".[14] Examinemos algunas de las creencias negativas que propone Cameron:

- Todos me odiarán.
- Lastimaré a mi familia y a mis amigos.
- Me tornaré loco.
- Mis propuestas no son lo bastante buenas.
- Enfadará a mi madre o a mi padre.
- No tendré otra opción que estar solo.
- Lo que haga saldrá mal.
- Me la pasaré enojado.
- Nunca me alcanzará el dinero.
- Mi pareja me dejará.
- Me podría enfermar o morir.
- No merezco ser exitoso.
- Ya es tarde para hacerlo.

REFLEXIONA:

- ¿Cuántas de estas creencias han formado parte de tu vida?
- ¿Qué has dejado de hacer gracias a estas creencias?

Toma esta lista y escribe las creencias que te han estado limitando. Te propongo que las transformes en afirmaciones.

Por ejemplo, ¿qué tal si la creencia de "nunca me alcanzará el dinero" la transformas por "siempre vivo en abundancia material y espiritual"? Cambia su significado por completo, ¿no? Haz este ejercicio con todas las creencias limitantes que escribiste.

EJERCICIO 3 | LAS CREENCIAS CAMBIAN CUANDO TÚ CAMBIAS

Hoy, de adultos, no creemos en lo mismo que cuando éramos niños o adolescentes. De pequeños creíamos en Papá Noel y en el Ratón Pérez, y bastó crecer sólo un poco para dejar eso de lado. De adolescentes algunos soñarían con ser modelos y cantantes y creían que tenían todo el talento, pero con el paso de los años esa confianza y seguridad en su talento se esfumó...

Elabora y completa un cuadro como este y examina cómo han ido cambiando tus creencias en diferentes momentos de tu vida:

TEMA	INFANCIA	ADOLESCENCIA	A LOS 25 AÑOS	HOY
Vejez				
Belleza				
Felicidad				
Amor				
Profesión				
Sueños				

REFLEXIONA:

- ¿Qué descubriste?
- ¿Qué creencias empoderadoras encuentras a lo largo de tu vida?
- ¿Cuáles son las creencias limitantes que han estado presentes en tu vida por mucho tiempo?

Tu mente es mágica. Lo que piensas, sueñas y visualizas se manifiesta en tu vida.

Es muy importante no olvidar el poder creador que tiene la mente. Hay muchos ejemplos con los grandes genios del mundo. Podemos hablar de Mark Zuckerberg, Steve Jobs, Leonardo Da Vinci o Pablo Picasso. Pero, ¿qué es lo que realmente diferencia a esta gente? La diferencia está en su capacidad de crear.

A veces pensamos que los artistas son superdotados y que nosotros no somos así. Se nos olvida que cada uno vino al mundo con la magia dentro. Tenemos que frotar esa semilla interior para que la magia de pensar, soñar y visualizar se manifieste en nuestra vida.

Hay muchas cosas que nos dijeron cuando éramos niños, y que terminaron marcándonos, limitándonos o empoderándonos. Ojalá que te hayan empoderado diciéndote: "¡Siempre inténtalo, no te acobardes!" ¡"Echa para adelante, no importa si te caes, levántate!" "¡No pasó nada, caerse es parte del proceso!"

Todas las instrucciones que hemos recibido, especialmente las limitantes, si no las desaprendemos o reprogramamos, siempre nos restringen los sueños. Por eso también es muy importante hablar sobre la pasión y la curiosidad.

EL MOTOR DE TU PROPÓSITO

Preguntémonos cada día por las cosas más sencillas, vivamos con curiosidad, exploremos lo cotidiano, porque a partir de eso encontraremos nuestra pasión. Sigamos con curiosidad un paso a la vez, buscando la siguiente pista que nos lleve a través de ese camino lleno de pasión, que es lo que, al fin y al cabo, nos motiva a buscar la vida que queremos.

Aunque pasión y curiosidad son elementos que me gustan mucho y son necesarios para impulsar nuestra capacidad de crear, hay que saber controlarlos.

En distintas épocas de tu vida, puedes tener pasiones diferentes. Cuando estimulas la curiosidad como la materia prima de la búsqueda de tu propósito, tienes la oportunidad de probar y disfrutar. Eso es lo que me ha pasado a mí, que me he dicho: "Ahora no es periodismo lo que quiero hacer, sino un programa de variedades, o mañana quiero ser fotógrafo o escritor".

Las personas que viven más realizadas no permiten ser etiquetadas en una única categoría, sino que exploran su creatividad. Parte de la magia de nuestra mente es no perder la capacidad de asombro ni dar por seguro lo que en realidad es milagroso en su esencia.

LA MAGIA DE LA MENTE

¿En qué consiste la magia de la mente? Lo que ponemos en nuestra mente se convierte en una especie de imán electromagnético muy fuerte, haciendo que comience a manifestarse en nuestra vida. Por esto es tan peligroso no tomar conciencia de lo que hacemos con la mente.

Pero ¿por qué resulta tan peligroso? Pues porque cuando mi mente estuvo llena de miedos, de ese tipo de miedo que paraliza, todo lo veía desde un punto de vista de víctima. En cambio, ahora uso el miedo, porque los miedos no se pueden quitar del todo. Nos sirven también para sobreponernos y ser valientes, a pesar de las circunstancias.

Quiero invitarte a que uses tu miedo como un aliado, no como un enemigo.

El miedo se convierte en enemigo si no lo identificas y no lo miras a los ojos. Pero es muy diferente cuando te atreves a observarlo y le dices: "Yo tengo la fuerza de mirarte a los ojos y caminar contigo. No me interesa que no te vayas, voy a caminar contigo".

Eso es lo que todos los seres humanos debemos hacer, porque es muy importante que la magia se produzca desde la creación y el amor, y no desde el miedo. Seguro ya conoces la ley de la atracción, explicada por Rhonda Byrne en *El secreto*, pero no me cansaré de repetirla porque es clave entender cómo funciona: "La ley de la atracción es la que modela tu experiencia total de vida y lo hace a través de tus pensamientos. Tú eres quien activa la ley de la atracción a través de tu mente".[15]

Insisto mucho en esto para reafirmarte que tus pensamientos son los artífices de tu vida. Por ende, absolutamente toda la responsabilidad de lo que pasa en tu vida es sólo tuya, porque eres como un imán: lo que está en tu interior es lo que atraes. Éxito atrae éxito y felicidad atrae felicidad. O en el caso contrario, ¿no te ha pasado que cuando estás muy triste sientes que todo lo que te rodea está saliendo mal? Ahí tienes el reflejo de tus pensamientos y creencias.

La magia del universo y de tu interior de verdad existe. Ten en cuenta que si vives una vida ordinaria, tu vida no será mágica. Aprovecha todo lo que hay en tu interior, porque el potencial y la magia interior no tienen límites. Lo llamo magia porque a veces conseguimos cosas que no nos creíamos capaces de hacer, porque recibimos bendiciones a diario y porque estamos en capacidad de hacer milagros en nuestra propia vida y en la de los demás.

AMOR Y MIEDO

Es hermoso hablar de las emociones, porque su magia es muy importante. Hay dos emociones básicas: el amor y el miedo. El miedo no es más que la falta de amor, es un llamado desesperado por amor. Entonces, muchos, al tener miedo, no sentimos amor ni nos sentimos amados. En estas circunstancias, el miedo a perder, al rechazo y al fracaso, y todos los miedos, nos paralizan.

El fracaso no existe. Como dice mucha gente, es el intento de conseguir el éxito. Siempre representa una oportunidad de aprendizaje si no se ve como un fracaso. Pero muchas veces castigamos demasiado el espíritu de emprendimiento, cuando hay fracaso, y desanimamos a la gente.

¿Qué es el miedo al qué dirán? Es muy importante identificarlo porque nuestra mente está completamente construida para compararse con otros. Pero es fundamental que nos alejemos de ese servicio al ego, para que el alma pueda estar realmente a nuestro servicio.

Al final no se produce magia cuando tenemos miedo al ridículo, así que destiérralo. ¿Qué es el miedo al ridículo? ¿Alguna vez en tu vida te lo has preguntado? Es una pregunta muy interesante porque el ridículo es subjetivo. Si para ti el ridículo es no saber bailar, para otra persona puede ser hablar en público.

— Tu plan de acción —

EJERCICIO 1 **PARA UNA MENTE MÁGICA**

Vas a crear una pizarra de visualización.

1. Consigue cinco revistas de estilo de vida y recorta aquello que represente tus sueños y retos.
2. Luego colócalos en la pizarra para expandir tu umbral de merecimiento. Recuerda que si no cabe en tu mente, no cabe en tu mundo, ni en tu vida. Así que siempre pregúntate: ¿Cabe en mi mente?
3. Pega esos objetos en la pizarra y pon afirmaciones positivas explicando por qué te las mereces.

EJERCICIO 2 **EL PODER DE LAS PALABRAS, TU DIÁLOGO INTERIOR**

Respóndete a estas preguntas, porque a veces nuestro peor enemigo es el tirano que llevamos dentro:

- ¿Cómo te hablas?
- ¿Cómo te juzgas?
- ¿Qué haces para ser generoso contigo y no tan crítico?

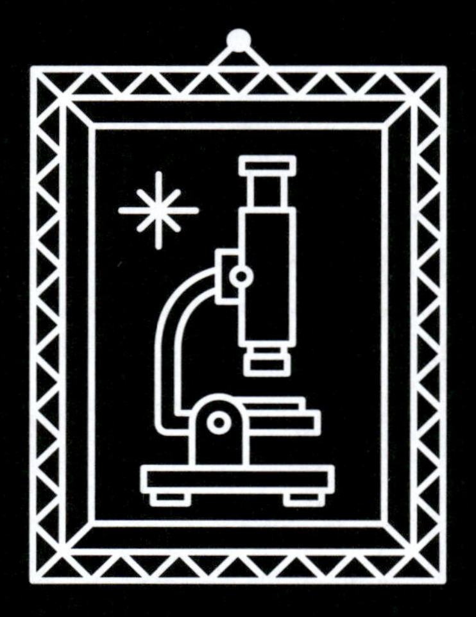

Siente
calma,
la ciencia
y el arte
de calar
el alma.

La calma es algo que muy pocos conocen hoy en día. Es aquietar la mente y estar en capacidad de gestionar tus emociones para afrontar los retos con serenidad. Se logra cuando dejamos de lado nuestras preocupaciones y hacemos que nuestros pensamientos se enfoquen en el bienestar propio.

Digo que muchos no saben lo que es porque ¡vamos a mil por hora! Se dificulta tomarnos tiempo para acallar la mente debido al ritmo casi frenético de nuestra vida, pero no es imposible. "Querer es poder", y si sabes que calmar la mente te ayudará a ser más productivo, feliz y exitoso, con toda seguridad empezarás a preocuparte por incluir la calma en tu vida.

VIVIR EN EL PRESENTE

Es cierto que hoy vivimos en un mundo más rápido. El problema es que esto se traslada como una falsa ilusión al tempo divino de nuestros procesos interiores. En el libro *Elogio de la lentitud*, mi amigo Carl Honoré hace un llamado al respecto al defender el llamado "movimiento slow".

Él asegura que ser evangelizador del movimiento no significa estar en contra de la velocidad. Aclara que el "movimiento slow" consiste en hacer todo a la velocidad correcta: rápido, despacio, a un ritmo medio, porque cada cosa tiene su ritmo. Al sugerir la lentitud como estilo de vida, se refiere a vivir en el presente con calidad.

Su propuesta es llamativa: si vamos a toda velocidad, la vida se nos pasa y ni nos damos cuenta. Pero si damos un paso a la vez, en el aquí y el ahora, podremos disfrutar la vida en todo su esplendor. Las siguientes son algunas de sus recomendaciones para disminuir nuestro acelerado ritmo:

- Comprar menos
- Dormir más
- Hacer menos
- Desconectarte más
- Conducir menos
- Caminar más
- Hacer menos multitareas
- Escuchar más

Todo esto se resume finalmente en "¡acoger a la tortuga que llevamos dentro!" Agrega, además, que "en la actualidad, muchas personas buscan refugiarse de la velocidad en el puerto seguro del mundo espiritual", y ésa es justamente la invitación que te estoy haciendo en este capítulo.[16]

> **Vivimos en una sociedad en la que la mente es un pequeño tirano. Nos da la orden de hacer más y más, porque cuanto más hacemos y tenemos, más reconocimiento y crédito recibimos y, por ende, más felices seremos. ¡Falso, totalmente falso!**

Debemos entender que esa idea no tiene nada que ver con el jardín de la mente, sino con el ego. El jardín de la mente es como la naturaleza: todo está en armonía. Las flores o las semillas no hacen un esfuerzo por germinar. Se trata de un proceso natural y espontáneo.

Y esto es muy interesante, porque vivimos en un mundo de ruidos, con una contaminación vertiginosa de la velocidad e inmersos en una cultura del caos. Pero si no tenemos calma, no hay manera de que podamos enfrentar, o al menos contrarrestar, esa acelerada velocidad exterior.

CALAR EL ALMA

Por eso, la calma es calar el alma. El alma es nuestra esencia, y desde la calma podemos crear abundancia. ¿Y qué es la verdadera abundancia? Es una mentalidad en la que se tiene la certeza de que nada te faltará en el momento en que lo necesites. Pero resulta complicado crear abundancia cuando no se tiene calma. Ésta se crea desde el desprendimiento, que sólo puede crearlo un alma que está en paz y quieta. Eso es calma.

Mientras, un alma en desasosiego y agitación permanente siempre estará pensando en que algo le falta. Siempre va a estar queriendo hacer más, porque también está la creencia de que cuanto más se hace, mejor se es. Así crecemos en las sociedades actuales, especialmente en la occidental.

CONSEJOS PARA CALAR EL ALMA

El consejo más importante es ser como el bambú. Tuve la oportunidad de investigar sobre esta maravilla de la naturaleza para escribir *El secreto del bambú* y *Ser como el bambú*, la versión para niños. En ambos libros rescato diferentes características del bambú que los seres humanos deberíamos tomar como ejemplo.

Su singularidad radica en que durante siete años se prepara para convertirse en una planta de rápido crecimiento. En este

tiempo acondiciona sus raíces y crece internamente. Así, cuando está listo, se eleva lo más alto posible, y nada lo detiene. Del bambú podemos aprender algunas virtudes, como las siguientes:

- Crece internamente antes de ir tras tus sueños. Es muy importante que desarrolles tu "yo espiritual" para saber quién eres y lo que eres capaz de hacer.
- Elévate y busca las alturas. Si ya tienes raíces profundas y sólidas, aspira a escalar cada vez más alto, sueña en grande. No te conformes nunca y mucho menos te des por vencido.
- Sé flexible. Por más fuerte que sea el viento, el bambú se dobla, pero siempre vuelve a su forma natural y no se rompe. Así que alístate para soportarlo todo y que ni la más pesada de las cargas te quiebre.
- Sé humilde y agradecido. El bambú ofrece a todos su apoyo material y espiritual, a cambio de nada. Hazlo igual y verás que los demás se contagiarán de tu ejemplo.
- Apóyate en otros. Si naces y trabajas en colectividad, estarás preparado para el éxito porque, como con el bambú, cada planta cuida de la otra.
- Alimenta a los demás con lo mejor de ti. El bambú, como alimento, nos entrega las mejores de sus propiedades para sanar algunas enfermedades. De manera que

Varios científicos psicólogos, como Robert A. Emmons y Sonja Lyubomirsky, concluyen que la fórmula de la felicidad es la gratitud. Exaltan la gratitud como el método más seguro para aumentar la felicidad, el optimismo y muchas otras emociones positivas.

entrega la mejor versión de ti a los demás para que se contagien de tus virtudes.

- Conviértete en un puente. Dada su alta resistencia, el bambú es utilizado en algunos lugares del Oriente para construir puentes. Lo mismo debes hacer tú: establece conexiones resistentes con los que te rodean. Recuerda que las relaciones son uno de los factores claves de la felicidad.

LA CIENCIA DE CALAR EL ALMA

¿Por qué se puede decir que calar el alma es una ciencia? En primera instancia, porque es comprobable y está basada en principios generales. Los efectos de calar el alma impactan directamente en nuestra salud física, mental y espiritual. Así lo han empezado a mostrar estudios científicos, buscando la correspondencia entre la ciencia y su relación, por ejemplo, con la felicidad y la meditación.

EL ARTE DE CALAR EL ALMA

Pero calar el alma también es arte, porque desde la contemplación en calma, como testigos de nuestra propia vida, podemos entender la narrativa en grande, llamada la foto completa, incluso con su proyección, y no sólo lo que está al alcance de nuestra nariz.

Al ver la foto completa, comprendemos también la necesidad de ser lo suficientemente flexibles para enfrentar los retos y obstáculos diarios. De esta manera, ninguna situación, por adversa que sea, podrá quebrarnos en la búsqueda de nuestros sueños.

Esto no significa que siempre tengamos momentos buenos, pero recuerda que sí podemos elegir la actitud ante cualquier circunstancia. Mi recomendación es que siempre escojamos la resiliencia para sobreponernos rápida y sanamente, sin que perdamos el equilibrio.

RELÁJATE

La calma también está asociada a la relajación. Relajarse es quitar las tribulaciones de nuestra mente y nuestro cuerpo. Significa dejar los afanes y la velocidad afuera, para vivir en el aquí y en el ahora.

Relajarse, y quitarse la idea de que acumular y hacer más nos va a traer felicidad, es fundamental para obtener la calma. La energía que estemos usando para acumular es justamente la misma que deberíamos poner en la experiencia de simplemente ser. La obsesión por acumular y tener lo único que crea es una ansiedad constante.

— Tu plan de acción —

EJERCICIO 1 CORTINA DE AGUA

Para encontrar tu voz interior es necesario que disfrutes de momentos sólo para ti. Así podrás descubrir quién eres, sin que alguien más te juzgue. Debes empezar por escucharte a ti mismo.

Te propongo este ejercicio, para que empieces a entrenar tu mente en el arte de escucharte a ti mismo. Le llamo "cortina de agua".

1. Cierra los ojos e imagina que estás frente a una gran cascada, en donde el agua forma una cortina fina que cae.
2. Enfócate en el paisaje que vislumbras detrás de esta cortina de agua.
3. Ahora comienza a meditar; deja que tu mente fluya como el agua de la cascada.
4. Escucha tus pensamientos pero no te detengas en ellos. Sólo permite que corran por tu mente mientras tú los escuchas.

Haz este ejercicio a diario, sólo te tomará unos minutos. Cada vez que lo hagas, mejorará la capacidad de escucha de tu voz interior.

Si prefieres hacer este ejercicio guiado, búscalo en IsmaelCala.com.

EJERCICIO 2 **FLUYE CON EL RÍO**

1. Imagina que, en otoño, un río fluye, mientras que hojas de varios colores caen al agua. Estas hojas son los pensamientos que brotan en tu mente. Deja que caigan y se vayan como las hojas que lleva el río, mientras estás en silencio.
2. Si tus pensamientos son negativos, asígnales un color que no te guste. Pero haz lo contrario con los pensamientos positivos. No te quedes divagando acerca de éstos ni los desarrolles, sólo déjalos correr para que el río se los lleve.

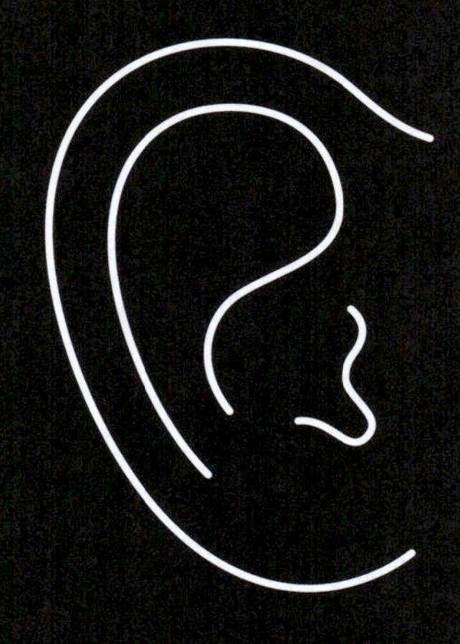

Sólo cuando logres
escuchar el susurro
de tu intuición
entre los gritos
manipuladores
del ego, habrás
descubierto tu
maestro interior.

Hay que diferenciar las creencias de la sabiduría o del saber que da el conocimiento propio. El conocimiento propio se forja por experiencia. Por ejemplo, cuando alguien aprende a patinar, a montar bicicleta, o cuando desarrollamos cualquier habilidad que nos costó trabajo aprender por nuestra cuenta. Las creencias, mientras tanto, nos llegan por transmisión, de generación en generación.

Tu alma tiene un GPS muy relacionado con la mente intuitiva, y no necesariamente con la mente lógica. Hay una parte de nuestro cerebro que es el cerebro artístico y creativo. Y hay otra que es el cerebro lógico y racional. Albert Einstein decía que "la mente intuitiva es un regalo sagrado y la mente racional es un fiel sirviente. Hemos creado una sociedad que rinde honores al sirviente y ha olvidado el regalo".

La lógica viene del ego porque éste ha sido intelectualizado y adoctrinado. Así, el ego es una especie de sensación de insatisfacción permanente, que no necesariamente es algo contraproducente.

NEUTRALIZAR EL EGO

Me gustaría hacer un alto para que hablemos del ego, porque muchas veces es tildado como algo negativo. Es muy importante que sepas que no tiene un valor negativo ni positivo, mientras aparezca en sus justas proporciones. Si bien se habla del ego como sinónimo de egoísmo, también vivimos en una sociedad donde el ego nos hace desarrollar una ambición. Lo importante es que esa ambición sea bien manejada, para que se convierta en una superación constante y de crecimiento, y no en una obsesión compulsiva.

De manera que al ego no lo vamos a satanizar, pero sí hay que mantenerlo bajo vigilancia. Debemos ser los domesticadores de nuestro propio ego, manteniéndolo en su jaula, para que no nos encarcele a nosotros. El ego casi siempre actúa desde el miedo y no desde el amor. Nos hace compararnos con otros. En cambio, la intuición, que viene desde nuestro interior y alma, nos permite actuar desde el amor.

¿ESTÁS ADMINISTRANDO BIEN TU EGO?

Hay pistas que nos podrían ayudar a detectar que nuestro ego no nos beneficia en absoluto:

- La primera es darte cuenta si constantemente estás pensando en lo que te falta y no encuentras razones suficientes para agradecer por lo que ya tienes.
- El ego nunca vive en el presente, sino que siempre está haciéndote un rebote de ping-pong entre el pasado y el futuro. Estos dos tiempos son sólo motivos de dudas. En cambio, si vives en el presente y sigues la voz de tu intuición, todo es diferente.
- Por tu mente se atraviesan permanentemente todo tipo de dudas, con o sin justificación.

DESECHA LAS DUDAS

A la duda hay que manejarla, y saber librarse de ella. Pero ¿cómo? El maestro espiritual Andrew Cohen habla de un precepto clave para el despertar espiritual: claridad de intención. Ésta consiste en poner toda nuestra intención en evolucionar espiritualmente, siendo libres. Al respecto, habla del rol de las dudas como obstáculo para nuestra convicción de crecer hacia nuestra meta, porque estaremos llenos de miedos y no dejaremos que la intención se convierta en acción.[17]

La duda tiene el poder de destruirnos, o de ayudarnos a progresar, si le otorgamos ese poder. Utilizar la duda a nuestro favor, cuando escuchamos el diálogo interior o interactuamos con otros nos llevará a dudar sobre nuestra percepción de la realidad. Es útil dudar y no creer todo lo que escuchamos, ni asumir que todo lo que pensamos es cierto. Usemos la duda para fomentar la búsqueda permanente.

Nuestra manera de ver la vida refleja nuestra relación con las dudas y con los milagros. De ahí que cada vez debe haber menos dudas y más milagros en nuestra vida. Para esto, uno se puede hacer unas preguntas muy importantes y que, por lo general, hago en mis conferencias:

- ¿Qué harías si no tuvieras miedo?
- ¿Qué pasaría con la duda?
- ¿Qué harías si supieras que no hay miedo ni duda?

Estas preguntas son claves, porque creo que nuestra vida sería completamente distinta. Darle respuesta minimiza la energía de la inercia y la duda. De ahí que sea muy importante tener fe y crear certeza, para alejar las dudas.

Además, hay que tener siempre en cuenta que la duda también puede tener origen en el ego. En cambio, en nuestra intención no hay duda, porque nuestras corazonadas no se equivocan y son certeras. Debemos despojarnos del miedo y de la compañía de la duda que nos hace querer racionalizarlo todo, para escuchar más a nuestra intuición.

¿Por qué nos cuesta tanto trabajo confiar en la intuición? ¡Incluso hay gente que dice que no tiene intuición! Y no hay nada más falso, porque todos tenemos corazonadas, y ésa es la intuición. Lo que pasa es que no nos atrevemos a confiar en ella, porque estamos llenos de dudas, y el miedo nos ha secuestrado.

Los seres humanos creemos que necesitamos elementos racionales para justificar nuestras decisiones. Pero al final lo que sucede es que realmente las tomamos con las emociones, y luego las justificamos con la lógica. Inventamos una lista de argumentos para convencernos y convencer a otros de que la decisión que tomamos no tiene que ver con las emociones, sino que estaba puramente basada en hechos.

EL PODER DEL LENGUAJE

Es muy importante fijarnos en el lenguaje que utilizamos. Estudiar, por ejemplo, cuántas veces durante el día dices: me gustaría, quizá, tal vez... No muchas, ¿verdad? La invitación es a que sustituyas muchas expresiones que implican duda, por verbos en presente y en acción: por supuesto, seguro, afirmativo, lo podré lograr, quiero, merezco, decreto...

— Tu plan de acción —

EJERCICIO 1 LOS SUEÑOS PENDIENTES

- Haz una lista de los sueños o propósitos que has tenido pendientes por mucho tiempo en tu vida.
- Con esto en mente, completa las siguientes oraciones:

1. Alguna vez he dudado poder...
2. Me asusta...
3. No lo he hecho porque...

Recuerda que contra la duda y el miedo, la inyección de amor es la mejor medicina.

EJERCICIO 2 DUDA DE TUS CREENCIAS

En este ejercicio usaremos el lado positivo de la duda para evaluar nuestras creencias limitantes. En uno anterior habías realizado una lista de creencias limitantes. Toma esa misma lista o, si lo prefieres, crea una nueva con alguno de los ejemplos a continuación:

- Mi cuerpo no está hecho para hacer ejercicio físico.
- No estoy en capacidad de hacerlo.
- Soy feo y tonto.
- Me enfermo muy fácilmente.
- Todas las mujeres son tontas e incapaces.
- Todos los hombres son infieles y perezosos.

Con esa lista, y teniendo presente que todas las creencias son construidas a partir del lenguaje, vamos a cambiarlas usando también el lenguaje, haciéndonos preguntas sencillas. Toma una a una las creencias que escribiste y pregúntate:

- ¿Cómo sé que es real lo que creo?
- ¿Qué pruebas hay de que sea así?
- ¿Qué pruebas hay de que no sea así?
- ¿Qué gano creyendo esto?
- ¿De qué me libero cuando dejo esa creencia?

EJERCICIO 3 ¿CÓMO INOCULAR LA DUDA?

Imagina o recuerda situaciones en las que la duda te ha hecho detenerte y no dar más pasos en proyectos de tu vida.

Luego, imagina que hay dos personas conversando sobre esta situación. Una representa a tu ego, y la otra, al alma. De manera que vas a crear un diálogo interno contigo mismo.

REFLEXIONA:

- ¿Cómo se hablarían tu alma y tu ego?
- ¿Qué pueden hacer para tratar de entenderse?

Recuerda que tu ego siempre va a justificar la duda. Así que, en ese diálogo, tu alma va a crear certeza y a decirte: "Si sigues mi consejo, llegarás a buen término; si escuchas la voz de la duda que tu ego amplifica, no lo podrás hacer".

Realiza este ejercicio tan a menudo como lo necesites. Podrías tener muy buenos resultados.

EJERCICIO 4 DE LAS DUDAS A LAS DECISIONES

Para que puedas tomar decisiones, es fundamental que te alejes de las dudas. Quiero guiarte a través de un ejercicio que te ayudará a evaluar una decisión pendiente desde hace algún tiempo.

1. Primero selecciona la situación en la que no has tomado aún esa decisión que cambiaría tu vida.
2. Mantén un diálogo interior para comprender cuáles son tus pensamientos y emociones con respecto a esta decisión.
3. Una vez hecho esto, toma la lista de pensamientos y cuestiona los que se convierten en duda, para asegurarte de que sea algo real y no una creencia limitante. Toma nota de tus respuestas.

En este punto, seguramente ya te has dado cuenta de que realmente no tienes dudas y que necesitas arriesgarte a tomar la decisión. Pero también sé que no es tan sencillo como parece. Piensa en una situación pasada en la que hayas tenido que adoptar una decisión y reflexiona:

- ¿Cuál fue el resultado de esta decisión?
- ¿Cómo te sentiste después?
- ¿Qué cualidades y/o habilidades te ayudaron a tomar esta decisión?

A veces, pensar en otra ocasión en la que logramos hacer algo nos reafirma que somos capaces de volver a hacerlo.

Salud y cuerpo

2

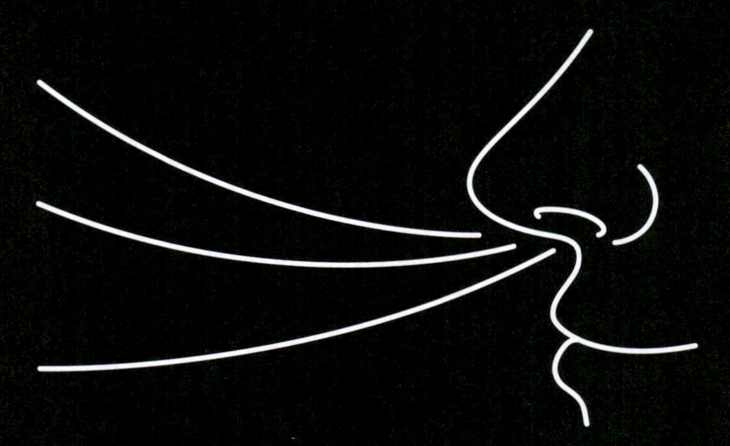

Abre la llave para
dejar fluir los
sentimientos, en
vez de reventar
en resentimientos.
Respira, respira,
respira...

Durante cinco segundos deja de leer. Literalmente, cinco segundos. ¿Te das cuenta de lo que has hecho? Una función del cuerpo humano que incluye las biológicas: la respiración. Inconscientemente somos capaces de repetir este gesto sin darle más importancia.

La respiración es el alimento más importante para nuestro cuerpo. Aprendemos en la escuela que es la manera que tiene el cuerpo para transportar el oxígeno hasta los pulmones. Es el acto más intuitivo de nuestros órganos. Además, la respiración controlada, elegida y planteada por nosotros puede tener unos beneficios espléndidos.

Con conciencia podemos reducir la presión sanguínea. Esto nos producirá una sensación de calma y tranquilidad en situaciones de estrés. Por ejemplo, en esas jornadas en que tienes más encomiendas que horas en el día, la tensión se convierte en un enemigo incontrolable. El simple hecho de pararse a respirar hondo, tres veces, puede marcar la diferencia. Te aseguro que verás las cosas con más perspectiva y serás capaz de organizarte o, por lo menos, de priorizar lo que tienes que hacer en el día. Además de ayudar contra el estrés y la ansiedad, la respiración dominada puede potenciar la atención.

Según el neurólogo Marcus E. Raichle,[1] el cerebro ocupa tan sólo 2% de la masa corporal. Sin embargo, utiliza 20% de la energía de oxígeno y calorías del cuerpo. Diez veces más de lo que nos esperaríamos por su tamaño pero, al fin y al cabo, continúa trabajando incluso en "reposo", cuando dormimos.

Te invito a practicar la respiración controlada cuando sientas que te estás enojando o poniendo nervioso. Te ayudará a gestionar estas emociones tan complicadas al mantener el ritmo de la respiración. A mí mismo me sucedió cuando viajé a La Paz, Bolivia, para entrevistar al presidente Evo Morales. La altitud de esa ciudad supera los 3600 metros sobre el nivel del mar, lo que dificulta la respiración a los que no estamos acostumbrados a vivir allí. Mis pulmones tenían que hacer el doble de esfuerzo para conseguir oxigenarse. Eso me provocó noches de insomnio. Traté de paliarlas con té de coca, pero no me ayudó mucho. Finalmente, me colocaron un balón de oxígeno al lado de la cama, pero fue horrible. Me sentí pésimo. Debido a la falta de oxígeno, tenía una constante sensación de ansiedad y malestar ¡hasta con los demás! El cuerpo se acostumbra a un nivel de oxígeno, y cuando tiene menos, reduce sus funciones.

Gracias a la respiración consciente se puede dejar fluir los sentimientos; vivir sin angustias, sin frustraciones y sin la ansiedad que nos provocan los eventos del pasado y los que nos esperan en el futuro.

La respiración profunda y controlada puede ayudarte a lidiar con el dolor, gracias a la liberación de endorfinas en tu cuerpo. Un auténtico analgésico natural que utilizan las mujeres durante el parto. ¿Cuántas veces hemos visto esa escena en las películas? Ese movimiento del diafragma ayuda a eliminar las toxinas y a promover la circulación sanguínea. La técnica para relajar el cuerpo y la mente se suele aprender en las clases de preparación del parto.

El proceso de respiración es también de sanación de nuestros cuatro elementos. Un proverbio hindú dice que la vida tiene cuatro habitaciones —física, emocional, mental y espiritual—, relacionadas con el cuerpo, los sentimientos (de los que hablaremos más adelante), la memoria de nuestras experiencias y nuestras creencias (no sólo la religión, sino también la ideología o los propósitos en la vida).

EL OXÍGENO

En nuestra casa real solemos hacer alguna limpieza general, porque si sólo nos dedicamos a quitar el polvo y las telarañas de un cuarto, pronto el resto volverá a estar sucio. Lo mismo sucede con nuestras cuatro habitaciones. Debemos ser capaces de oxigenarlas, y eso sólo se consigue con el nutriente número uno.

Una persona puede mantenerse sin agua entre tres y cinco días. En el caso de la comida, depende de la constitución, del peso o de las condiciones en las que nos encontremos, pero normalmente se aproxima a 30 días. ¿Pero sin oxígeno? El cerebro no soporta más de cuatro minutos sin él, aunque siempre hay excepciones. Algunos deportistas son capaces de ampliar el espacio de tiempo con el que pueden sobrevivir sin respirar.

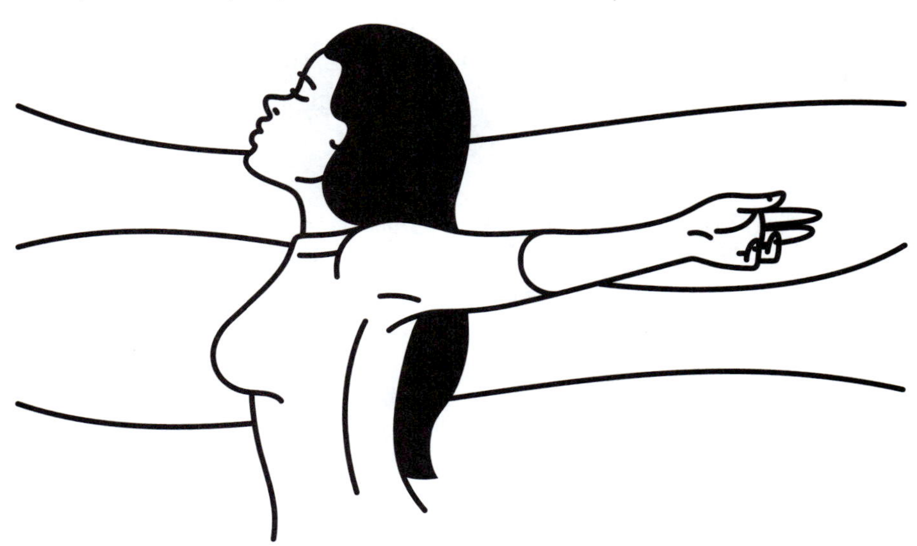

Son cientos los beneficios que pueden llegar a influir en nuestro día a día, si practicamos la respiración consciente. Te invito a que todos los días, al menos dos minutos, te concentres y respires de forma consciente. No tienes que frenar tus actividades cotidianas para ello. Puedes hacerlo en la oficina, mientras cocinas o en camino a cumplir con un compromiso.

Cualquier momento es bueno si te concentras para ello, especialmente en los que estamos ofuscados. Cuando se nos nubla la mente por el estrés del trabajo acumulado, nos empieza a molestar la espalda por llevar mucho tiempo sentados en una misma posición, concentrados en una misma actividad durante un largo tiempo. La respiración consciente puede quitarte toda la neblina que tienes delante y aclarar tu visión.

EL ARTE DE CONECTAR CUERPO Y MENTE

El poder de la respiración también te ayuda a conectar cuerpo y mente. He tenido la oportunidad de aprender el arte milenario del Chi Kung Shaolin en "Cala Encuentros: La Montaña Azul", en Costa Rica. Se trata de coordinar ciertos movimientos básicos con la respiración, siendo conscientes de cada uno de nuestros pasos. Este arte contribuye a reponer la paz interior y a proteger tu salud. Los siguientes son algunos de sus principales beneficios:

- Aumenta la relajación.
- Ayuda a tomar decisiones y a resolver problemas.
- Ayuda a liberarte de los pensamientos limitantes.
- Trabaja con las emociones tóxicas, como el miedo o la tristeza, para vivir en armonía.

— Tu plan de acción —

EJERCICIO 1 **MÉTODO DE RESPIRACIÓN CHI KUNG**

- Practica dos ejercicios de Chi Kung que aprendí en "Cala Encuentros: La Montaña Azul", de la mano de los maestros Sifu Rama y Sifu Simón:

De forma relajada y teniendo conciencia de tu respiración, ponte de pie, con las piernas algo separadas para encontrar el equilibrio. Coloca los brazos estirados rectos hacia el frente y aspira mientras los acercas hacia ti. Después exhala mientras los alejas de ti hacia el frente. Repite este ejercicio tres veces cada día. Será tu iniciación al Chi Kung.

EJERCICIO 2 RESPIRACIÓN SIMPLE

1. De pie, sitúa una mano en el torso y otra sobre el diafragma (debajo de las costillas).
2. Respira por la nariz, haciendo que se hinche de aire el diafragma, y no los pulmones.

Repite el ejercicio durante 10 minutos cada día, para crear un nuevo hábito. Te servirá especialmente en momentos de estrés, ya que ayuda a reducir el ritmo cardiaco.

Una buena técnica para ayudarte a comprender cómo inflar el diafragma es que, acostado, sitúes un libro pesado más abajo del ombligo. Tu reto será levantarlo respirando por la nariz. Así notarás que utilizas el diafragma. Una vez aprendido, podrás utilizar esta técnica de cualquier manera. Incluso te sorprenderás respirando inconscientemente así.

Más allá de la
vanidad, el cuerpo
es el reflejo de una
belleza que brota
de adentro hacia
afuera, el milagro de
la vida. Es el hogar
físico de nuestra
esencia divina.

Cuando leí *El Principito* se grabó en mi memoria una frase que le dijo el zorro al protagonista: "Sólo con el corazón se puede ver bien; lo esencial es invisible para los ojos".[2] La sociedad actual destaca la apariencia como la verdadera esencia de la belleza del ser humano. ¡Qué ilusos somos!

Las grandes civilizaciones ya tenían formas que marcaban una gran diferenciación entre las clases sociales, a través de prendas y accesorios de moda. También para destacar la grandeza de sus habilidades. Por ejemplo, a los gladiadores que vencían en sus batallas se les colocaba una corona de laurel. En la cultura griega, el pueblo rezaba a Afrodita, la diosa del amor que, al mismo tiempo, era de la belleza. Relacionaban dos aspectos que no tienen por qué estar conectados.

Como indico en mi libro *La vida es una piñata,* hay mucha gente que se adorna demasiado por fuera y ni siquiera intenta embellecerse por dentro. Hay personas que vagan por el mundo pensando que la belleza es tan sólo eso, el componente exterior. Miguel de Cervantes, uno de los literatos más importantes de la historia, decía que "la belleza del cuerpo muchas veces es indicio de la hermosura del alma".

Quiero dejar claro que no tengo nada en contra de los tratamientos alternativos en busca de la fuente de la eterna juventud. Sin embargo, no basta con estos arreglos para llegar a la excelencia.

La chapistería en el caparazón no cultiva la belleza. La luz emana del espíritu. Lo que debemos cultivar es el ser espiritual. La verdadera belleza de cada uno de nosotros es la energía que reflejamos hacia los demás.

Los principios de belleza que rigen mi vida son:

- El amor.
- La compasión hacia el otro.
- El acto de querer y compartir a través del pensamiento altruista.

En cierta ocasión conversaba con mi amigo y mentor John C. Maxwell sobre cómo al observar una fotografía que acabamos de tomarnos, nuestro acto reflejo es buscarnos inmediatamente en ella. Nuestro pensamiento egoísta llega a tal altura que la decisión sobre si la foto es bella u horrenda, depende exclusivamente de si salimos bien o mal. Una sola persona en una imagen grupal. ¿Somos tan significativos? Lamentablemente, para nosotros mismos, sí.

Debemos dar un paso más allá de la veneración excesiva del cuerpo, en una sociedad tan vanidosa como la nuestra. Me entristece ver cómo niñas y niños quieren parecerse a actrices y actores de las películas sólo por su aspecto, y no por su labor en el mundo; cómo algunas personas sufren bulimia y anorexia al comparar su cuerpo con modelos; niñas que a los 15 años piden una operación de senos, o los que pagan miles de dólares por tener una sonrisa perfectamente simétrica. Sin embargo, ¿cuánto invierten en su abundancia interior?

LA IMPORTANCIA DE NUESTRA APARIENCIA

No quiero parecer un hipócrita. Es obvio que quiero lucir bien por fuera, pues invertir en presencia es apostar por nosotros. Ser descuidados en nuestro aspecto puede afectarnos negativamente en la vida profesional y social. Defiendo la buena presencia y la pulcritud. Nuestra imagen es el saludo hacia el mundo; sin embargo, la conversación es más profunda. La presentación física es la apariencia, pero la esencia es la que cultivamos en nuestro interior.

En mis programas de televisión, me encanta que me vista la diseñadora venezolana Carolina Herrera, muy conocida a nivel internacional por su labor en el mundo de la moda. Pero no sólo me gusta por los detalles de sus trajes y originales corbatas, sino que me identifico con una de sus frases: "La educación es el principal vestido para la fiesta de la vida". Efectivamente, la moda es importante, pero no podemos ser esclavos de ella.

Tuve la oportunidad de entrevistar a Carolina Herrera en el programa *Cala*. Es una mujer que demuestra elegancia y estilo; pero no sólo refleja belleza por fuera. Cuando empiezas a hablar con ella, te das cuenta de que no es de esas personas atractivas con las que no puedes mantener una conversación. En mi opinión, si no tuviera carisma, no tendría belleza. Sería una simple fachada en un cuerpo, sin cultivo del espíritu. Las fachadas se destruyen rápidamente, caen por su propio peso, pues no tienen pilares en los que mantenerse en alto.

Es curioso, pero la juventud no está en la falta de arrugas. La cirugía puede estirar la piel, pero no puede devolver la esencia de la juventud. La cultura occidental nos lleva a pensar que, a cierta edad, se acaban las oportunidades y las posibles experiencias que tendremos en nuestra vida.

Hace poco conocí la historia de Yuichiro Miura: todo un ejemplo de vida. A sus 80 años ha conseguido lo que escasos jóvenes han alcanzado: llegar a la cima del Everest. Ha logrado alcanzar el Récord Guinness, a pesar de una reciente operación de corazón y rotura de cadera, pocos años antes. Su amigo, el japonés Min Bahadur Sherchan, también octogenario, se ha propuesto el reto de recuperar su título escalando la montaña más alta del mundo. Como dice el proverbio chino: "Hay que subir la montaña como viejo para llegar como joven".

LA BELLEZA EXTERIOR COMIENZA EN EL INTERIOR

Nos empeñamos en adornar y crear un ideal de belleza exterior, sin darnos cuenta de que la mejor piel es la que cultivamos por dentro. Muchas veces estamos más pendientes de eliminar ciertos detalles, sin estar pendientes de cómo el cuerpo también nos habla. Erupciones cutáneas pueden alertarte de una alergia, la sequedad en la piel responde en algunas ocasiones al riñón o a la tiroides, y ya son lamentablemente alarmantes los lunares: hay que revisarlos porque podrían indicar enfermedades graves.

Si te cultivas por dentro, lucirás mejor. Son muchos los estados emocionales que se manifiestan en el aspecto estético. Según la Organización Mundial de la Salud,[3] 80% de las enfermedades de la piel tienen origen somático. El estrés provoca granos hormonales, los nervios enrojecen la piel, la tensión desemboca en alopecia, el enfado se revela con dolores de cabeza o el miedo extremo en el encanecimiento del pelo.

Quiérete, esfuérzate por crecer. Lo más importante es perseguir tu felicidad por medio de una vida sana. Puedes utilizar pequeños *tips* que ayudarán a tu piel y a tu cuerpo, en general, de una manera sencilla en tu día a día:

- **¡DUERME!** Generalmente hablamos de ocho horas para los adultos. La falta de sueño nos afecta mental y físicamente. Durmiendo relajamos los músculos, se regeneran tejidos y células, además de darle un descanso a nuestra mente siempre activa. Duerme alejado de los aparatos tecnológicos.
- **HAZ EJERCICIO.** Ayuda al fortalecimiento de los músculos, a tensar la piel y, por supuesto, con la sudoración eliminamos toxinas. Asimismo tiene numerosos beneficios psicológicos como la mejora de la autoestima, reduce la ansiedad y libera endorfinas, las llamadas sustancias de la felicidad.
- **EJERCICIOS PARA EL ROSTRO.** Igual que sucede con el resto del cuerpo, podemos mantener la piel más tersa y evitar la aparición de marcas y arrugas que se producen con la edad. Existen muchos ejercicios, pero, por ejemplo, para las mejillas (y diría yo que hasta para nuestro espíritu), sólo tienes que sonreír completamente estirando bien la piel (sin utilizar las manos) y sacar la lengua, después moverla de arriba abajo.

Si lo haces frente al espejo, tendrás también un buen momento de risas contigo mismo.

- **BEBE AGUA.** Debemos tomar dos litros al día para hidratarnos suficientemente. Para evitar la monotonía, toma té por las mañanas.
- **MÁS QUE LAVARSE LA CARA.** Utiliza un limpiador en profundidad. Si nos lavamos los dientes concienzudamente con el cepillo, ¿por qué no cuidarnos igualmente la cara para evitar impurezas?
- **EL PODER DE LA CREMA.** Además de hidratarse bebiendo agua, la piel nos pide cremas para evitar la resequedad. No hace falta una crema cara, pero sí mantener el hábito cada mañana o cada noche.
- **PROTÉGETE DEL SOL.** Estamos acostumbrados a protegernos del sol cuando vamos a la playa; sin embargo deberíamos mantener este hábito a diario, pues nos ayudará a contrarrestar el envejecimiento.
- **FUERA TOXINAS.** El alcohol y el tabaco son malos, tanto para el interior como para el exterior. Deshidratan y enrojecen la piel, dañan los vasos sanguíneos, además de afectar a importantes órganos como el hígado y los pulmones.
- **DIETA EQUILIBRADA.** Además de incluir verduras y evitar grasas industriales, es bueno estar atento a las vitaminas que potencian el funcionamiento del cuerpo. Consúltalo con tu médico.

Cuidarnos de manera integral protege nuestra salud. Y es que la belleza también puede ser a nivel celular. A pesar de que no podemos verlo habitualmente, todos sabemos que la belleza se origina en el interior del cuerpo. Es necesario un equilibrio entre belleza y salud.

— Tu plan de acción —

EJERCICIO **CUÍDATE**

- Mi primera recomendación es que visites a tu médico de cabecera para que te practique un examen general y consultar cualquier duda sobre lo que expongo en este libro. Para saber cómo cuidarte, es necesario conocer cómo está el cuadro vitamínico y hormonal de tu cuerpo. A partir de lo que diga tu médico, plantéate un plan de acción.
- El segundo paso es descubrir cuál es tu estilo de vida y si le dedicas más tiempo a tu belleza exterior que a la interior. Sé sincero, de lo contrario, sólo te mentirías a ti mismo y serías el único perjudicado. Toma papel y lápiz y responde el siguiente cuestionario:

1. Cada mañana me miro ante el espejo y sonrío, en lugar de fijarme en los defectos de mi rostro ..... Verdadero **/** Falso
2. Reservo cada día parte de mi tiempo para meditar y hacer ejercicio ..... Verdadero **/** Falso
3. Gasto más dinero en aprender cómo alcanzar el equilibrio cuerpo-mente, que en cosméticos ..... Verdadero **/** Falso
4. Dedico cada semana un espacio para analizar cómo puedo ser más bello o bella por dentro ..... Verdadero **/** Falso
5. Escucho a mi cuerpo para conocer si me alerta sobre algún problema ..... Verdadero **/** Falso

6. Evito mirar el celular y la computadora antes de dormir para favorecer el sueño ..... Verdadero / Falso

7. Cuido mi alimentación añadiendo verduras y frutas a mi dieta ..... Verdadero / Falso

8. Tomo suficiente agua para hidratar el cuerpo y la piel ..... Verdadero / Falso

9. Practico cada día la respiración activa para mantener las emociones controladas ..... Verdadero / Falso

10. Me fijo más en cómo luce mi piel, uñas y pelo, que en si sonrío y hago sonreír durante el día ..... Verdadero / Falso

(SUMA LOS *FALSO*. CUANTO MÁS SE ACERQUE TU NÚMERO AL 10 ES LO QUE TIENES QUE REVERTIR PARA CONVERTIRTE EN MÁS BELLO O BELLA POR DENTRO.)

Alimentarse es un
arte. Tu cuerpo
bailará al compás
de lo que comas
y te acompañará
tan lejos como lo
cuides.

Eres lo que comes. ¡Qué frase más manida y, al mismo tiempo, acertada! Nosotros decidimos lo que ponemos en el cuerpo, lo que nos va a nutrir o perjudicar entre las miles de dietas que existen en el mundo.

La gastronomía es uno de mis mayores placeres. Disfruto comiendo, lo que también me hace estar más atento a lo que debo o no degustar. También me hace tener un aspecto de vanguardia y atreverme a probar alimentos nuevos y originales de los países a los que viajo.

Sin embargo, uno de mis principales problemas es que padezco el efecto "yo-yo": bajo libras, pero las subo con la misma facilidad. Por ello he aprendido que debo tener un buen conocimiento de la alimentación, para beneficiarme. Los regímenes demasiado estrictos no nos enseñan a comer, por lo que, a la hora de la verdad, acabamos recuperando las libras que bajamos.

Si la comida no tuviera diferentes texturas o sabores, se convertiría en algo automático y sólo haríamos caso a sus propiedades. El exceso de "comida basura", por una parte, provoca envejecimiento por la saturación de grasas, afecta la memoria (según un estudio del *American Journal of Clinical Nutrition*) y origina fatiga, problemas cardiovasculares y enfermedades gastrointestinales.

Podemos encontrar comida sana tan deliciosa como la *fast food.* Sólo hay que saber cuál es. Debemos salir de la zona de confort y no desembocar el vacío emocional en dulces, por ejemplo.

¿Cómo percibimos los sabores de la comida? La frase "comer con los ojos" es muy acertada, porque nos ayuda a hacernos una idea de lo que vamos a ingerir. Asimismo el olfato puede formar parte de la experiencia, como sucede, por ejemplo, con el vino. Sin embargo, todo se decide en la boca.

¿Te ha sucedido que un alimento que odiabas de niño te encanta de adulto? Esto es porque el tipo de rechazo está más relacionado con la mente que con el gusto. Influye la textura, el aroma y su color. Es un extra al sentido del gusto. Del mismo modo, la memoria afecta en gran medida el gusto, ya que ciertos sabores nos recordarán momentos, situaciones o lugares más o menos agradables. Por ejemplo, un alimento que nos provocó indigestión, nos costará mucho más probarlo.

Y no olvides los juicios preconcebidos. Si estás convencido de que determinadas partes del cerdo no te gustarán, te aseguro que tendrás hasta arcadas cuando intentes comerlas. ¡Hay que tener la mente abierta! Yo mismo lo hice. En un viaje a México me recomendaron los grillos; superé la reticencia y los probé. He de decir que me encantan: saben a yuca frita. Los insectos son muy sanos, aportan fibra, hidratos de carbono y ácidos grasos, dependiendo de la especie. Es una gastronomía muy explotada en países africanos y asiáticos.

LA COMIDA NO ES LA SOLUCIÓN A LOS PROBLEMAS

Tengamos claro que comer significa algo más que disfrutar y llenarse. Podrás empacharte sin llegar a saciarte, si la razón es más profunda que el gusto por la comida. A través de la alimentación canalizamos el estrés, la frustración, la tristeza o la soledad. Dichos sentimientos emocionales, de forma incontrolada, nos llevan a devorar la comida. La comida pasa a ser una distracción de lo que realmente nos sucede. Hay que evitar que la comida se convierta en un sustituto de nuestro equilibrio.

Como explicaba Pitágoras de Samos: "No hagas de tu cuerpo la tumba de tu alma". Tengo claro que las dietas no solucionan el problema. La preocupación por nuestro cuerpo disfraza las verdaderas preocupaciones. ¿Cuántas veces te has dedicado a comer chocolate o helado tras una ruptura? Ahí no está la solución, aunque sea un sustituto muy rico.

Lo peor es que cada vez que damos pie a esta gula, creamos un hábito que nos hace relacionar el bienestar emocional con la comida.

Se puede llegar a convertir en un pilar de nuestra vida. Un pilar de barro que con el viento caerá estrepitosamente. Tenemos que buscar dentro de nuestro vacío emocional y comprender qué nos pasa.

Hay que tener mucho cuidado con el azúcar. La Organización Mundial de la Salud recomienda no tomar más de 12 cucharadas de azúcar al día, unos 50 gramos. En el caso de los niños, no llegar a los 40 gramos. El exceso de azúcar es una de las principales causas de diabetes (que afecta la vista, la circulación y el hígado) e hipertensión (que puede desembocar en infartos o derrames cerebrales), advierten los especialistas. Igual sucede con la sal. No debemos consumir más de cinco gramos diarios para evitar el riesgo de enfermedades cerebrovasculares y cardiovasculares.

LA ENERGÍA DE LOS ALIMENTOS

En "Cala Encuentros: La Montaña Azul" (Costa Rica) descubrí la alimentación feliz. Allí la forma de cocinar y el tipo de productos podían marcar la diferencia en nuestro cuerpo, como con los sabores frescos, gracias a alimentos cuidados con responsabilidad y que no han sufrido en su proceso de producción. Además, cocinan llenos de amor y alegría, tratan de transmitir la bendición de la cocina y sus alimentos a través de la gastronomía. Platos que degustamos en un ambiente de paz para alimentar el estómago, al mismo tiempo que el alma. El mundo está lleno de energías, y descubrí que la comida también las transmite.

También quiero hablarte de la *ayurveda,* que significa "ciencia de la vida". Se trata de la medicina tradicional india que plantea cómo el ser humano está compuesto por tres energías llamadas *doshas*:

- **VATA** (el aire que respiramos y el que sale de los alimentos durante la digestión).
- **PITTA** (fuego a través del ácido del estómago).
- **KAPHA** (agua y tierra directamente relacionadas con las células).

Estas energías están en cada alimento, e incluso en los sabores que reconoce:

- **MADHURA** (dulce).
- **LAVANA** (salado).
- **AMLA** (ácido).
- **KATU** (picante).
- **KASAYA** (astringente).

La dieta de la *ayurveda* identifica el tipo de cuerpo y asocia alimentos acordes a nuestras propiedades. Además prescribe ciertos hábitos, como lavarnos manos, pies y boca antes de comer; así como que los alimentos deben estar recién hechos y calientes. Tomar siempre agua templada entre comidas, pero nunca antes o inmediatamente después, y evitar comer cuando nuestros estados de ánimo más irascibles estén alterados. El siguiente proverbio ayurveda es muy elocuente: "Cuando la alimentación es mala, la medicina no funciona; cuando la alimentación es buena, la medicina no es necesaria".

Es importante recordar que la alimentación debe continuar con el ritmo de nuestro día. Acudo al ya famoso adagio: "Desayuna como un rey, almuerza como un príncipe y cena como un mendigo".

— Tu plan de acción —

EJERCICIO 1 DIARIO DE ALIMENTACIÓN

- Crea un diario de alimentación. Apunta en él cada una de las comidas que realizas y qué tipo de productos ingieres. Hazlo durante al menos tres días y después analízalo. ¿Comes por gusto, por nutrición o para saciar otro tipo de necesidad?
- Busca patrones dentro del diario y plantea una dieta más saludable con verdura, fruta y los dos litros de agua necesarios.
- Además, toma papel y lápiz y realiza la siguiente prueba. Recuerda que sólo te mentirás a ti mismo si falseas las respuestas:

1. La cena es la comida más importante del día ..... Verdadero / Falso
2. Puedo desayunar poco, menos los días en los que tengo mucho trabajo por delante ..... Verdadero / Falso
3. Es un mito que la sal y el azúcar en exceso sean perjudiciales ..... Verdadero / Falso
4. Basta una pequeña botella de agua para estar suficientemente hidratado ..... Verdadero / Falso
5. Los refrescos pueden sustituir al agua ..... Verdadero / Falso
6. Debo tomar verduras dos veces por semana ..... Verdadero / Falso
7. Cuando estoy triste es bueno recurrir a la comida para animarme ..... Verdadero / Falso
8. Siempre debo consumir verduras naturales, sin mezclarlas con platos como la pizza ..... Verdadero / Falso
9. Puedo echarle sal a las verduras para comerlas mejor ..... Verdadero / Falso
10. Detrás del exceso de comida no existe ningún vacío emocional ..... Verdadero / Falso

(SUMA LOS *FALSO*. CUANTO MÁS SE ACERQUE TU NÚMERO AL 10 ES LO QUE TIENES QUE REVERTIR PARA CONVERTIRTE EN MÁS BELLO O BELLA POR DENTRO.)

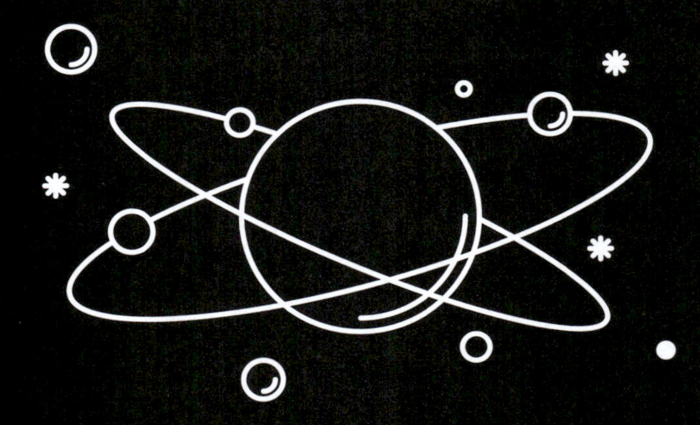

La verdadera
voz del cuerpo
no se basa en la
imagen, sino en
salud, bienestar,
abundancia y
energía para
comunicarnos con el
universo.

Ya lo he contado en alguna otra ocasión: cuando vivía en Toronto, un día de camino a mi trabajo como mesero, me observé a mí mismo mirando hacia abajo, frustrado, porque no podía ver la punta de mis zapatos. Entonces sonó una señal de alarma en mi interior, que me hizo comprender que la comida había sustituido al afecto. Tenía una barriga enorme. Pesaba casi 200 libras. Entonces comenzó mi lucha para bajar las 40 que me sobraban. Fue una señal que mi propio cuerpo me envió para alertarme del problema de malnutrición en el que había caído. Mi cuerpo me hablaba y yo no lo había escuchado hasta entonces.

Escuchar, como explico en mi libro *El poder de escuchar,* es una filosofía de vida. Más allá de la vanidad, el cuerpo es la extensión de un estilo de vida, de una filosofía aplicada a la cotidianidad. Un equilibrio entre la voz interior y la del cuerpo, que dejan de buscar la atención y se complementan en un dueto. Muchas enfermedades progresan porque no escuchamos a nuestro cuerpo.

Escuchar la voz del cuerpo permite entrar en un proceso de éxtasis con el espíritu. Si escuchas detenidamente a tu cuerpo, lograrás liberarte de las tensiones y mejorar exponencialmente tu calidad de vida.

Nosotros mismos podemos ayudar a curarnos, atendiendo las señales que nos envía el cuerpo. Tenemos señales de nuestro cuerpo para empezar un proceso de autosanación o curación, pero lo desoímos. Al no escuchar la enfermedad, ésta galopa hasta un nivel en el que entonces dependemos de los medicamentos.

Por ejemplo, ¿cuántas veces hemos decidido trasnochar para trabajar o por diversión a pesar de estar cansados, en lugar de hacer lo que nos pide el cuerpo? Igualmente, a veces tenemos ganas de ir al

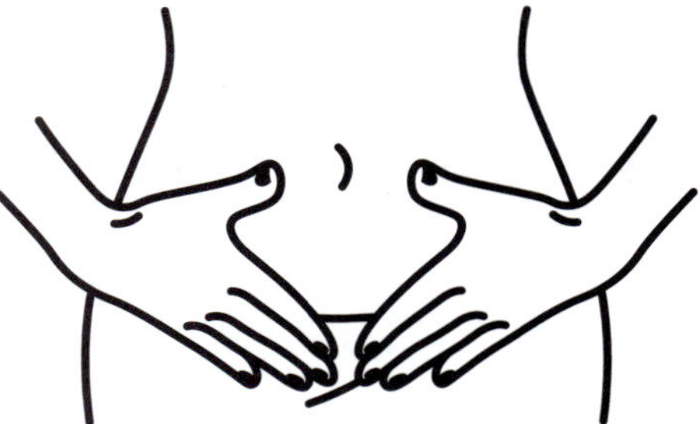

baño, pero nos aguantamos con tal de ver una película o terminar de escribir un *email*. Oímos las señales, pero no somos capaces de escuchar a nuestro interior en los mensajes más básicos.

Aprender a escuchar nuestro cuerpo es uno de los pilares básicos de la curación. Tenemos que confiar en él, tener conciencia de lo que somos. Nuestras expresiones corporales transmiten nuestras sensaciones internas. Una buena práctica puede ser a través de la meditación. Un lugar y momento tranquilos pueden ser perfectos para tratar de desentrañar lo que nos trata de comunicar cada una de las partes.

En uno de nuestros encuentros, "En cuerpo y alma", escuché al doctor Eddie Armas que citaba una frase del neurólogo Boris Cyrulnik: "Cuando el corazón no llora, lloran los órganos". Existe una relación directa entre las emociones y nuestros órganos. Las diferentes emociones afectan el desarrollo de cualquier enfermedad. La ansiedad o la ira nos pueden producir dolor de cabeza o hipertensión, mientras que la risa libera tensiones.

Curiosamente, en la medicina china siete emociones están asociadas a un órgano específico:

- **RIÑONES** > Miedo.
- **RIÑONES Y CORAZÓN** > Conmoción.
- **CORAZÓN** > Felicidad.
- **BAZO** > Obsesión.
- **BAZO Y PULMONES** > Preocupación.
- **PULMONES** > Melancolía.
- **HÍGADO** > Ira.

Los expertos chinos consideran que si mantenemos constantemente fuera de control una de estas emociones, podemos provocar afecciones en dichos órganos.

Del mismo modo, los órganos tienen funciones determinadas a nivel corporal y psicológico:[4]

- **RIÑONES** – La energía se almacena en los riñones (controlan los nutrientes) y por ello están ligados a la fuerza de voluntad.
- **CORAZÓN** – Es el órgano que controla la circulación sanguínea, al mismo tiempo que equilibra la mente y el espíritu.
- **PULMONES** – Se encargan de distribuir la energía, y ésta se transmite hacia los demás órganos a través de la vitalidad y la serenidad.
- **BAZO** – Facilita la circulación de la sangre por el organismo y está relacionado con la memoria real y la reflexión.
- **HÍGADO** – Almacena la sangre y controla la disposición de ésta a los distintos órganos. Además se encarga de la imaginación, por eso puede provocarnos pesadillas.

En el hinduismo existen ciertos centros de energía en el cuerpo que se denominan *chakras*.[5] Son siete, exactamente:

1. **MULADHARA** – Al final de la columna vertebral. Controla las glándulas suprarrenales. Nos otorga la fuerza de la energía.
2. **SWADHISTHANA** – Genitales. Regula el aparato reproductor. Está relacionado con la imaginación y la energía sexual.
3. **MANIPURA** – En el ombligo. Rige el aparato digestivo, y con éste, la autoestima y el ego.
4. **ANAHATA** – El corazón. Regula el sistema circulatorio y es el centro del autoconocimiento; es también el equilibrio entre los *chakras* superiores e inferiores.

5. **VISHUDA** – La garganta. Controla el sistema respiratorio y bronquial. Obviamente, trata la comunicación y los sentidos.
6. **AJNA** – El centro de la frente. Se relaciona con la hipófisis. Estimula la comprensión y la conciencia divina.
7. **SAHASRARA** – En la coronilla. Se relaciona con la glándula pineal. Se considera la zona más espiritual del cuerpo.

OTRAS SEÑALES DEL CUERPO

Existen otras generalidades a las que tampoco solemos atender. El pelo es nuestra segunda piel. Si lo observas en su estado natural, la grasa puede estar desencadenada por el exceso de comida poco sana, mientras que la escasa alimentación puede suponer la pérdida de pelo en grandes cantidades.

Los ojos, además de ser "el reflejo del alma", también lo son del cuerpo. Los ojos rojizos pueden transmitir las consecuencias de la tensión alta. Si aparecen amarillentos, ve al doctor para revisar el hígado.

Es oportuno recordar lo que decía el escritor y científico Johann Wolfgang Goethe: "Ocúpate de tu cuerpo con disciplina y fidelidad; el cuerpo es los ojos del alma y si los ojos no ven bien, todo el mundo se verá en tinieblas". Hay que tener claro que cuando escuchamos al cuerpo y nos damos cuenta de que algo puede estar sucediendo dentro de nosotros, debemos acudir al médico. El filósofo Lao Tse afirmaba que "diez gramos de prevención equivalen a un kilogramo de curación".

– Tu plan de acción –

EJERCICIO 1 MEDITA

La primera tarea será meditar, es decir, mantener una conversación profunda con el interior de nuestro cuerpo. Será la manera más sencilla de estar concentrado y relajado para escuchar lo que el cuerpo está intentando decir. Tu mente necesita desconectarse por un periodo de tiempo de la fugacidad de la vida diaria. Si no has meditado hasta ahora, no te preocupes, pues a continuación te doy las pautas. Al final te aseguro que tendrás un gran sentimiento de bienestar.

Encuentra un lugar tranquilo donde te sientas cómodo y sin ser observado. Siéntate a gusto. Siempre recomiendo la posición de la flor de loto, ya que estarás más estirado y fluirá más fácilmente la respiración... siempre consciente.

Cierra los ojos e imagina una luz. Llévala por todo tu cuerpo, colocando ese foco desde la cabeza hacia cada uno de los órganos. Cada vez que enfoques un órgano, envía la luz sanadora, visualizando especialmente los órganos que necesiten una mayor mejoría o una evolución de su estado actual.

Se trata de un ejercicio que, si se practica constantemente, es muy poderoso. Gran parte de nuestras células están sanas y podrían ayudar a las enfermas. Sin embargo, tendemos a mantener el esfuerzo en las que nos duelen, sin recordar que nuestro propio cuerpo puede ayudar a curarnos.

EJERCICIO 2 EL RETO DE VER LA BELLEZA DE TU CUERPO

Con este ejercicio me gustaría que comprendieras la belleza de tu cuerpo, seas como seas. Para ello, te propongo lo que para algunos es un auténtico reto:

1. Párate desnudo o desnuda ante el espejo.
2. Quédate en silencio poniendo toda tu atención en lo que ves.

No dejarán de fluir críticas, rechazo, vanidad e, incluso, miedo. Sin embargo, debes bendecir tu cuerpo. Ama tu templo.

Nuestro cuerpo refleja cómo vivimos y pensamos, qué priorizamos en el día a día. El cuerpo es un espejo de prioridades.

Lo que hacemos cada día cuenta mucho más que lo que realizamos una vez cada 10. La motivación y la constancia son fundamentales para alcanzar resultados en cualquier ámbito de nuestra vida, incluso la salud. Hacer ejercicio un día y comer varias bolsas de papas fritas al siguiente no sirve para nada.

Como expresó el poeta Amado Nervo: "El cuerpo no es más que un medio de volverse temporalmente visible". Al igual que no existe una dieta milagrosa, es imposible tener buena salud sin esfuerzo y compromiso. Y esto sólo se consigue a partir de los hábitos.

Me gustaría darte algunos *tips* para conseguir, de manera más sencilla, crear ciertos hábitos:

- **PLANTÉATE RETOS ALCANZABLES.** Por ejemplo, caminar una hora todos los días.
- **ELIGE ALGO QUE TE MOTIVE.** Si odias andar, ¿por qué no montar en bicicleta?
- **DEDICA TODO TU ESFUERZO A UN HÁBITO CADA VEZ,** especialmente al principio.
- **FÍJATE PASOS QUE PUEDAS MEDIR Y CORREGIR,** para saber si lo estás haciendo bien. Aumenta cada día los minutos de camino, para que sea más sencillo.
- **CREA UN DIARIO DONDE REPASES CADA DÍA TUS LOGROS** (para celebrar) y fallos (para corregir).
- **REPITE LA RUTINA CADA DÍA.** Si caminas dos días seguidos y tres no, al quinto habrás perdido el hábito.
- **ELIMINA LAS TENTACIONES.** Aleja las llaves del auto de ti: acabarías por ceder a la vaguería. Ten a mano ropa y calzado cómodos.
- **DIVIÉRTETE CREANDO ESTOS HÁBITOS.** No tienes que caminar siempre por los mismos lugares. ¡Descubre tu ciudad!
- **SÉ POSITIVO.** No invites a pensar a tu cerebro que el automóvil es negativo, sino que caminar es un ejercicio con múltiples beneficios.
- **ADAPTA LOS HÁBITOS A TU VIDA DIARIA.** Acostúmbrate a ir andando al trabajo, por tus hijos o a la compra.
- **TEN PACIENCIA.** Nada sucede de un día para otro.

CONVIERTE TUS METAS DE VIDA EN HÁBITOS

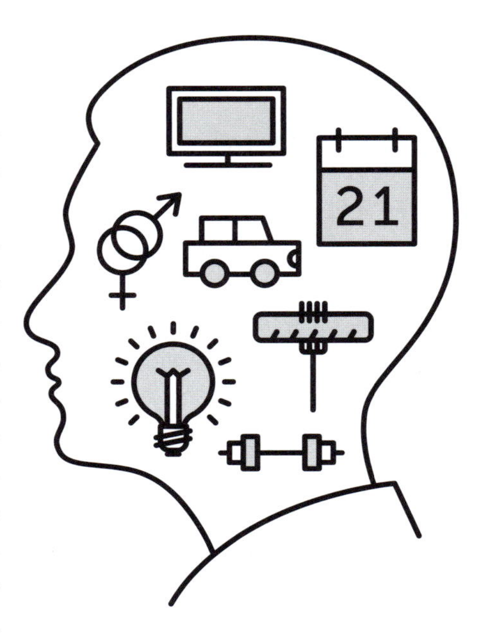

Ayúdate con el número clave: 21. Son los días que tardamos en adaptarnos para que nos cueste menos una actividad. Junto a mi gran mentor, Deepak Chopra, he realizado varios retos teniendo presente esta cifra clave. Veintiún días para dejar atrás una mala costumbre, gracias al psicólogo William James, quien aseguró que repetir algo así nos hace acostumbrarnos. El esfuerzo neuronal acaba cediendo y crea nuevos patrones de conducta automáticos.

Existe dentro de cada uno un lugar libre de enfermedad, que nunca siente dolor, no tiene edad y nunca muere. Y éste se llama "salud perfecta", como recuerda Chopra. Un día de meditación es provechoso, pero meditar diariamente a lo largo de tu vida es algo verdaderamente saludable y milagroso. Los viejos hábitos cambian lentamente y los nuevos tardan tiempo en formarse.

Los principales malos hábitos son:

- No limpiarse la cara, con o sin maquillaje.
- Fumar o tomar alcohol en exceso.
- Dormir poco.
- Ducharse con agua caliente (la fría potencia la circulación).
- Comer alimentos ricos en grasas o químicos.

ESTABLECE PRIORIDADES

En algunas ocasiones fijamos prioridades de manera inconsciente, debido a la falta de control de las emociones. Por ejemplo, con el estrés: un día duro de trabajo, con muchas tareas por hacer o con largos temarios que estudiar. Miramos el reloj y no queda mucho tiempo para que acabe el día. Nuestra prioridad insiste en estresarnos, agobiarnos creando una gran inseguridad en nosotros que nos provoca ser menos productivos. En su lugar, tendríamos que mirar las cosas con perspectiva y tratar de encontrar una solución para alcanzar el máximo nivel de trabajo.

Tu cuerpo es la consecuencia de tus actos. Si no comes bien o duermes mal, tu piel lo va a demostrar. También es fundamental crear prioridades y hábitos en nuestra mente. La organización y el optimismo son sinónimo de gente de éxito, así como escuchar a los demás o cuándo debemos asumir riesgos.

Algunos hábitos recomendables son:

- Tener la mente fija en los objetivos.
- Empatizar con los demás para comprenderlos.
- Apoyarse en los demás. Ser capaz de lograr sinergias, de trabajar en equipo.
- Tener claras las prioridades desde el momento en el que se fija la meta.
- Levantarte cada día aprendiendo de los errores del pasado.
- Planificar cada día.
- Repasar lo realizado cada día.

> **Fijar prioridades es una consecuencia de tomar decisiones. Éste es un proceso delicado, que no todo el mundo sabe realizar bien. Todos hemos tomado muy malas decisiones en el pasado, pero lo importante es aprender de cada una de ellas, para que no se repitan.**

Me gustaría compartir contigo lo que he asimilado. Por ejemplo, que no debemos tener miedo a las consecuencias. Simplemente son caminos diferentes y, al final, siempre podríamos arrepentirnos de tomar una u otra. Hay que ser decididos con el paso que tomamos.

Ahora que hemos aprendido la importancia de escucharnos, debemos hacernos caso, confiar en nuestra intuición. Al menos, si nos equivocamos, habremos tomado ese camino por nosotros mismos. Eso sí, escucha tus emociones y lo que quieren decirte. Y evita la presión social, aunque es importante tener a una persona sincera en la que apoyarse.

— Tu plan de acción —

EJERCICIO 1 ¡A BAILAR!

- Espero que te guste bailar, porque éste es precisamente uno de los ejercicios que me gustaría que hicieras. Es una manera sencilla y divertida de hacer ejercicio. Un hábito cuando menos original, que combina la necesidad de tu cuerpo de realizar ejercicio, al mismo tiempo que mantiene entretenida la mente, libre del estrés diario.

EJERCICIO 2 TAI CHI CHUAN

Este ejercicio es algo más complicado, pero estoy convencido de que no te costará realizarlo. Lo aprendí de la mano del maestro Sifu Simón, en nuestro "Cala Encuentro: La Montaña Azul".

El Tai Chi Chuan forma parte de las artes marciales, pero sin violencia, que en realidad deja fluir las energías de tu cuerpo. Luce como una batalla, pero es interna, como si lucharas contra ti mismo. Esta disciplina te ayudaría con la meditación, a escuchar tu cuerpo, a la flexibilidad y al equilibrio. Además, como realizas ejercicio, también beneficiará a tu circulación.

1. Ponte de pie. Con los brazos hacia abajo a los lados y con las piernas juntas. Suelta los brazos y los hombros.
2. Ahora, mientras flexionas levemente las rodillas, lleva el peso a la pierna derecha, mientras llevas ligeramente la pierna izquierda hacia su lado. Y de nuevo sitúa el peso en el centro.

De esta manera nos hemos quedado rectos de pie, con las piernas en V invertida. Entonces arqueamos levemente los brazos, realizamos unos semicírculos hasta alinearlos por delante, y nos levantamos en paralelo. Cuando las muñecas estén a la altura de los hombros, las manos suben y los codos bajan. Y los dejamos caer.

Si nos guiamos por el ego para observar nuestro cuerpo, nunca estaremos felices o satisfechos. Nuestro cuerpo en estado de salud perfecta es un templo sagrado.

Bailando zumba te habrás dado cuenta de cómo podemos poner a prueba nuestro organismo. Si suena la música, tu oído la escucha. Si tienes suerte con el sentido del ritmo, te habrás movido al son de cada nota. Te habrás percatado de cómo el pie ha llevado a un juego de movimientos del tobillo, la rodilla, la pierna, hasta la cadera. Cada nota con la tensión de los músculos, el pulso del corazón, el movimiento de la sangre... todo gracias a las órdenes de la mente.

Es un sistema complejo porque cada parte no puede trabajar sola. El corazón late más rápido para que la sangre llegue a los músculos y proporcionarles así el oxígeno necesario al nivel de la energía. Al mismo tiempo, para no agotar la fuerza, otros órganos reducen su actividad.

Claro, parece que esto sólo sucede cuando estamos practicando ejercicio, pero ¿y cuando simplemente dormimos? Ése es un momento fundamental, ya que el cerebro memoriza los nuevos conocimientos y los recuerdos. Es el momento en el que está más activo. También se produce la regeneración muscular y se fortalece nuestro sistema inmunológico. Por eso los médicos recomiendan dormir cuando caemos enfermos.

Parece magia, pero está científicamente comprobado que podemos engañar al cerebro. Desprendemos una energía conectada a los pensamientos que es capaz de atraer las mismas situaciones. Es decir, si afrontamos un problema con positivismo y decisión, atraeremos situaciones beneficiosas para nosotros. Y es que la conducta es un elemento esencial en nuestra salud, ya que se define por y para nuestro estilo de vida.

Según los expertos, existen cuatro puntos en los que somos similares a los animales. Ambos comemos, dormimos, nos reproducimos y tenemos el acto reflejo de defendernos. Sin embargo, nosotros nos preguntamos las dudas existenciales: ¿quiénes somos?, ¿adónde vamos? Somos capaces de adoptar los conocimientos y combinarlos para racionalizar con ellos, plantear problemas y generar soluciones.

Cada persona se plantea como objetivo encontrar un fin, una razón de existencia. El conocimiento del bien y del mal es el que otorga la libertad al hombre. A partir de esta delgada línea definitoria, las personas vagamos por el mundo rodeados de otros tantos, con su delgada línea. Sin embargo, las normas morales no son universales. Cada cultura establece ciertos parámetros de comportamiento. A pesar de ello todos estamos conectados a una fuente universal de poder. Un vínculo invisible, pero que fluye entre todos.

CONTROLA EL EGO

De acuerdo con el escritor español Francisco de Quevedo, "has de tratar al cuerpo, no como quien vive con él, que es necedad, ni como quien vive por él, que es delito, sino como quien no puede vivir sin él". En este sentido, debemos considerar el ego como un elemento secundario en las valoraciones sobre nuestro cuerpo. Debemos priorizar otras cuestiones de mayor peso para que se produzca el cambio que deseamos. Mal gestionado, el ego aniquila. Tomar distancia será la mejor opción para que venza lo interior, y no el sentido de apariencia.

¿Has valorado en algún momento la capacidad de sentir a través de nuestros cinco sentidos? Te invito a hacerlo, para disfrutar, incluso sentado, inmóvil, de todos ellos. Aprovecha y hazlo ahora mismo por unos minutos. Escucha, observa, siente, huele para alcanzar todas las sensaciones que se producen y entender lo divino que hay en cada punto.

A pesar de considerarnos superiores a los animales, ellos son capaces de desarrollar sentidos imposibles para nosotros, como la ecolocalización de los murciélagos (para moverse recibiendo el eco de sus sonidos), la magnetorrecepción y la electrorrecepción (detectan campos magnéticos o eléctricos).

— Tu plan de acción —

EJERCICIO 1 GUARDA SILENCIO Y CONÉCTATE CON LA NATURALEZA

1. Vete a un parque, una reserva natural, la playa, la montaña...
2. Siéntate en la posición de flor de loto, si tus rodillas te lo permiten. Con las manos hacia arriba, pero sin cerrar los ojos. Mantenlos abiertos.
3. Contempla, de manera consciente, lo que sucede a tu alrededor. Detente en lo que llame la atención de tu vista. Pueden ser las nubes. Vas a volver a ese momento de la infancia en el que creábamos formas con las nubes. El maestro Wayne Dyer también lo hacía con sus hijos. Estaban convencidos de que, después de un tiempo, las nubes se convertirían en la forma planteada.

Cuando hayas terminado, vamos a hacerlo al revés. Cierra los ojos y escucha la banda sonora de nuestra vida. El sonido de los pájaros, de los autos. ¿De dónde proviene? Es un ejercicio maravilloso de concentración para apreciar lo que muchos damos por sentado, que es nuestro sentido de la audición.

EJERCICIO 2 MÍRATE EN LOS OJOS DE OTRA PERSONA

Para realizarlo en grupo, por ejemplo en casa con tu familia.

1. Crea dos círculos de personas. Uno interior mirando hacia fuera y otro exterior mirando hacia dentro.
2. Cada 30 segundos, ve rotando el círculo de posición. De tal forma que te vas encontrando con diferentes rostros durante treinta segundos.
3. Da las manos sin perder tu posición. Sólo se mira a los ojos sin hablar ni reír, pero observas tus emociones y las de la otra persona. Te ves reflejado en los ojos del otro. Vas a encontrar antepasados, incluso a ti mismo.

Sólo generando salud
y armonía, a través
del respeto y el
cuidado del cuerpo,
logramos la paz en
la casa física de las
emociones.

Antes hablábamos de las decisiones y de cómo definen nuestra ruta. Todo está conectado, y cada una de las decisiones que tomamos está condicionada, a su vez, por una emoción. La conexión entre razón y emoción es inseparable. Los sentimientos, en muchas ocasiones, se encargan de tomar las medidas necesarias ante una situación, tanto personal como profesional. Precisamente por esto, debemos ser capaces de gestionar las emociones para ser dueños de nuestra vida.

Tengo una eterna lucha con la falta de educación emocional. Yo mismo considero que he sido un analfabeto emocional. No importan las carreras universitarias o los valores que me inculcaron en casa. Nos centramos desde niños en aumentar nuestro coeficiente intelectual, pero desconocemos la importancia de las emociones y de su implicación en cada paso del camino. Las emociones ejercen autoridad sobre las tres grandes esferas del ser humano: la material, la mental y la espiritual. No muchos son conscientes de que la creatividad está ligada a los sentimientos, y no a los pensamientos. Lo mismo sucede con la lealtad, que va unida a las emociones; el pensamiento puede cambiar, pero el sentimiento se mantiene fiel a su origen.

No digo que no sea necesario adquirir conocimientos, sino que debemos ser capaces de combinar ambos tipos de inteligencia. Es curioso cómo seguimos diciendo que sentimos mariposas en el estómago (cuando nos enamoramos), que tenemos el pecho lleno de rabia o que sentimos un nudo en la garganta. Son emociones que abordo especialmente en mi libro *El analfabeto emocional*.

Se han estudiado más de 500 emociones. Sin embargo, son seis las que identificamos con mayor facilidad: la alegría, la felicidad, el amor, la tristeza, la ira o el miedo. Éstas son capaces de influir en el cuerpo, a través de la salud física y mental. Y en lo espiritual, pueden dejarnos huellas indestructibles; especialmente las que se gestionan de forma negativa.

LAS EMOCIONES SON NUESTRO INTERIOR

Como me gusta decir, sin emociones no hay vida, y si la hay, no vale la pena vivirla. Las emociones nos ayudan a conocernos, ejercen una gran influencia en la percepción del mundo, en el pensamiento y hasta en la memoria. Representan el interior del individuo. Para manejar las emociones te propongo estos *tips*:

- Recuerda los éxitos sobre las derrotas; abre tu mente.
- Ante un problema o una situación de estrés, concéntrate con paciencia y observa desde todas las perspectivas, sin caer en la desesperación. Siempre hay una respuesta, lo difícil es encontrarla.
- Escribe un diario con las emociones que te producen las situaciones del día. Una vez a la semana, relee lo que has escrito. Verás los pensamientos negativos que te absorbían, y si los pudiste solucionar. Por lo menos, podrás verlos con distancia.
- En plena crisis emocional, tómate un descanso para recuperar el control.
- Ten control de tus pensamientos. Tendemos a centrarnos en el aspecto negativo de las cosas. Es tu elección observar la cara feliz de la moneda.
- Recuerda que la vida transcurre a velocidad vertiginosa. Constantemente un sueño se hace realidad y al instante una esperanza se convierte en un aparente fracaso. Se aprende de cada uno de ellos. Mantén el equilibrio.

La Universidad Aalto de Finlandia ha creado un mapa de las emociones. Sus investigadores realizaron un estudio con 700 personas, quienes tenían que señalar la zona del cuerpo a la que afectaba con especial hincapié cada emoción. Después identificaron cada una de ellas con colores:

- Si nos enfadamos, nos suele doler la cabeza, el pecho, e incluso se nos agitan los brazos mientras cerramos los puños.

- Cuando nos dan una mala noticia, lo sentimos en todo el cuerpo, porque nos entristecemos en general; sin embargo, suele hacerse un nudo en el estómago. Además, queremos llorar o, al menos, nos quedamos con las ganas y nos acaba afectando en la cabeza.
- Normalmente, si sufrimos un golpe a nuestra soberbia, como si nos golpean el orgullo, nos duele el torso. En los momentos de engrandecimiento, levantamos la cabeza e hinchamos el pecho.
- Otros son más fáciles. Si hablamos de amor, no es muy complicado. Obviamente, en los órganos sexuales, el pecho y la cabeza.

Me interesa especialmente la ansiedad, una emoción complicada que suele afectar también al cuerpo entero, manifestándose como agotamiento. Pero lo notamos especialmente en el pecho y el estómago, y levemente en la cabeza. Justo en los mismos lugares donde lo situaron los estudiantes de la Universidad de Finlandia.

¿Sorprendente? Más bien lógico. Los seres humanos somos iguales por dentro. Como afirmaba Aristóteles: "El cuerpo es el instrumento del alma". Lo normal es que nos parezcamos lo más posible en el espíritu. No importa tu nacionalidad, todos somos seres universales y estamos conectados. Son muchas más las razones que nos unen que las creencias que nos separan.

LAS EMOCIONES TÓXICAS

Me refiero a aquellas emociones que, en exceso y sin ser gerenciadas, son destructivas para nuestro equilibro de mente, cuerpo y alma. Por ejemplo, los celos y la envidia, que nos enferman. Pueden hacer que una persona transforme la normalidad en cólera e ira. Incluso que su irracionalidad desemboque en agresividad con violencia física. Tristemente, es raro el día en que no leemos, vemos o escuchamos que se ha producido un crimen pasional. Estas barbaridades son cometidas en nombre del amor, aunque en realidad responden al miedo. El amor no mata, pero los celos, las inseguridades y los miedos son peligrosos si no se gestionan inteligentemente.

De manera canalizada, la ira puede empujarte a defender derechos, denunciar injusticias y tener fuerza para sobrepasar obstáculos. Sin embargo, de manera descontrolada, puede convertirse en violencia. Un peligro para ti y para los demás.

> **Si no las gestionamos bien, determinadas emociones pueden convertirse en una pesadilla en nuestra vida. Sencillamente porque no las comprendemos, las reprimimos o no somos fuertes para controlarlas. Las emociones tóxicas pueden llegar a afectar nuestra salud. Entre otras cosas, según los médicos, por su relación con el sistema nervioso, que se comunica con el inmunológico, es decir, con el guardián que nos protege.**

Las consideradas emociones negativas no van a desaparecer porque las necesitamos en momentos de supervivencia. Si las manejamos, dejamos de ser sus esclavos. Dice el Dalai Lama que "las emociones son estados mentales y el único método para manejarlas debe venir desde adentro".

Recuerda que el equilibrio sólo se consigue con esfuerzo y dedicación; no aprendemos a manejar las emociones de un día para otro. No podemos ser impacientes ni impulsivos; sin embargo, es una característica típica en los latinos.

— Tu plan de acción —

EJERCICIO 1 EVALÚA TUS EMOCIONES

1. Siéntate en una zona tranquila, preferiblemente sin distracciones. Un lugar en el que nadie te interrumpa. Serán sólo cinco minutos para evaluar la siguiente lista:

- Alegría.
- Felicidad.
- Amor.
- Tristeza.
- Ira.
- Miedo.

2. Sitúa del 1 al 10 (con este último como máximo) con qué intensidad y con qué frecuencia experimentas estas emociones. Sé sincero con tus respuestas. No puedes autoengañarte. Al conocer la frecuencia, especialmente las tóxicas, sabrás qué tienes que hacer al respecto.

Desde la llegada
hasta la partida,
nuestro cuerpo
está en constante
mutación. Es fruto
del cambio, exige
movimiento.

los oídos. También hago gimnasio con un preparador físico. Lo importante es no aburrirse, gestionarlo hasta que deje de ser una dificultad y sintamos puro placer.

Los médicos resumen así la importancia de los ejercicios físicos:

- Reducen el riesgo de problemas cardiacos y cerebrovasculares.
- Disminuyen la presión arterial.
- Eliminan el llamado colesterol malo.
- Alivian los dolores de los huesos.
- Ayudan a prevenir enfermedades relacionadas con el sobrepeso y la obesidad.
- Aumentan la capacidad cerebral.
- A nivel emocional, favorecen la liberación de endorfinas, la sustancia de la felicidad. Son buenos para combatir la depresión y la ansiedad.
- Hacen que mejoremos nuestra atención. Así seremos más productivos.
- Mejora la percepción que tenemos de nosotros mismos.

> **El ejercicio significa bienestar general, a nivel físico y psicológico. La perfecta herramienta para alcanzar el equilibrio. Cuantos más meses llevemos practicándolo, más ampliaremos la actividad del corazón y la capacidad pulmonar. Es como un sistema de recompensa dentro de la máquina perfecta. Escuchando al cuerpo nos damos cuenta de que no se creó para que seamos sedentarios, sino para estar en movimiento hacia el placer.**

— Tu plan de acción —

EJERCICIO 1 OBSERVA TU VECINDARIO

1. Sal a buscar las calles que nunca has visitado, rincones desconocidos. Concierta una cita contigo mismo para ir a descubrir, caminando o en bicicleta, estos lugares de tu barrio.
2. Escribe las emociones y reacciones que te produjo la experiencia, para que seas consciente de los beneficios de ese tiempo en movimiento.

EJERCICIO 2 CAMINAR EN CONTEMPLACIÓN

1. Ve al jardín botánico más cercano, a la playa o al bosque, donde puedas hacer deporte.
2. Camina en contemplación, pero descalzo: el *earthing* o *grounding,* caminar sobre la tierra. Una moda con numerosos beneficios, como la reducción de dolores crónicos, la mejoría en la calidad del sueño, el alivio del dolor de cabeza. Hazlo media hora sobre la arena de la playa, de un lago, o en el césped de un jardín donde se permita. Siente la energía pura de la naturaleza.

Aviso legal: Las ideas que aparecen este capítulo reflejan únicamente mi experiencia personal y se proporcionan sólo con fines informativos. Cualquier cambio en tus rutinas, sean físicas, alimentarias, de salud o de cualquier otro tipo, debes consultarlo antes con tu médico de cabecera.

Amor y relaciones de pareja

3

Lo que el
amor ha
unido, que no
lo separe la
tecnología.

La tecnología proporciona muchos beneficios, pero es fundamental que aprendamos a dominarla. Si no lo hacemos, nos convertimos en sus esclavos. Estamos conectados las veinticuatro horas del día a las redes sociales y a los celulares, pero nos desconectamos de las relaciones del mundo real. Vivimos en un mundo hiperconectado, donde los emoticones sustituyen a los "te quiero".

La tecnología no es mala, por el contrario, es útil si la usamos para nuestro beneficio. En *El analfabeto emocional* menciono la importancia de tomar conciencia de ésta para dominarla. Aprovechémosla para ser más productivos y mejorar las comunicaciones, pero también en aras de la felicidad y el amor.

He escuchado hablar sobre la influencia de WhatsApp, Twitter y Facebook en las relaciones amorosas. Si bien siempre estamos conectados, algunos toman estos medios como mecanismos de control y provocan discusiones.

DUDAS AL ATAQUE

Algunos comprueban lo que hace su cónyuge por su actividad en redes sociales o WhatsApp. Entre las preguntas más recurrentes en los altercados están: "¿Por qué no contestaste si estabas en línea? ¡Apareció doble check pero no respondiste!"

También aparecen los celos cuando ven que su pareja se hizo amiga de su ex cónyuge en Facebook o que comenta frecuentemente las fotos de alguien más. Se trastoca la confianza en la pareja, pilar fundamental en el amor.

Está el caso de una pareja de tuiteros cuya relación terminó por celos. Se conocieron en un evento de Twitter, e iniciaron la relación que, dos años después, terminó por causa de las redes sociales. Ella se llenó de celos cuando vio que él, recurrentemente, cruzaba tuits con otra mujer. Se obsesionó con el tema y pasaba su tiempo revisando si se escribían. Estaba segura de que él le estaba siendo infiel. Para confirmar la sospecha, revisó su celular y se llevó la sorpresa de que sólo eran buenos amigos. Pero ya era demasiado tarde: él la descubrió revisando su teléfono y terminó la relación por falta de confianza.

¿Hasta dónde llega la obsesión por controlar lo que hace la pareja? ¡La imaginación es una máquina que va muy rápido! Éstas son algunas de las maneras en que puedes evitar que la tecnología afecte tu relación:

- Como en la vida real, no es bueno controlar lo que hace tu pareja. ¡Tampoco lo hagas en internet!
- Dale importancia a cada momento. No dejes que la tecnología interfiera cuando compartes con tu pareja.
- Si algo te molesta, busca el momento para hablarlo en persona. No lo hagas por redes sociales y tampoco llames cuando estás alterado.
- No revises el celular y la computadora de tu pareja. Una relación se basa en la confianza. Con esto, la rompes e invades su privacidad.
- Privilegia el contacto personal. Siempre será mejor un abrazo o un beso que un mensaje de texto.

Antes del *boom* tecnológico teníamos dos opciones: confiar en la pareja o usar la imaginación. Sin confianza es difícil mantener una relación sana. Así que, ¿por qué martirizarse imaginando y suponiendo, si se puede desarrollar una confianza sólida con la pareja?

A FAVOR DEL AMOR

No se trata de prescindir de la tecnología; conviene ver sus bondades y usarla a favor del amor. De hecho, nos hemos ido acomodando a una nueva manera de vivir el amor, gracias al ritmo vertiginoso de la sociedad de hoy.

Hay parejas que se conocen en las redes sociales y pasan a tener relaciones duraderas en la vida real. Es el caso de Ariana y Gabriel, que se conocieron en Twitter. Él buscaba en esta red el enlace para ver un partido de fútbol y, por casualidad, Ariana, que era fanática del equipo contrario, se lo proporcionó. A partir de entonces intercambiaron tuits y luego teléfonos, hasta que se encontraron personalmente. Ya llevan más de cuatro años juntos y tienen un hijo.[1]

La tecnología no es enemiga del amor si se equilibra con el mundo real. Usa la tecnología a favor del romance:

- Sorprende a tu pareja. Las cartas ya no se usan, pero puedes enviarle un mensaje de amor o una foto que le saque una sonrisa a mitad del día.
- Aprovecha las redes sociales para ahondar en los gustos de tu pareja. Fíjate en lo que publica para conocer más sus intereses, pero no te obsesiones con esto.

MEZCLA VIRTUAL Y REAL

Hay relaciones que comienzan y terminan a través de la tecnología. Tinder, por ejemplo, monitorea personas compatibles con tu ubicación, perfil e intereses. Luego, se puede empezar el contacto a través de un chat.

Ilse conoció a su pareja a través de Tinder. Se gustaron por las fotos, pasaron a WhatsApp y, finalmente, a la vida real. Mantuvieron una relación de un año, en la que incluso hicieron planes para vivir juntos. Todo empezó gracias a la tecnología y terminó por un mensaje de WhatsApp.[2]

Como el de Ilse hay muchos casos en los que la vida virtual y la real se mezclan. El problema está en no establecer límites y prioridades. El meollo del asunto está en que las relaciones afectivas han pasado a planes inferiores.

Está bien disponer de la tecnología, mientras no empobrezca el espíritu. Cuando ésta nos domina, nos enajena. Lo mismo pasa en la relación tecnología-amor.

Usemos la tecnología en pro del romance, y no para aumentar brechas en las relaciones; lo ideal es acercarnos, no alejarnos. ¡Viva la tecnología, pero también el sentido común!

— Tu plan de acción —

EJERCICIO 1 CONÉCTATE CON EL AMOR

Dale importancia a cada momento que compartes con tu pareja. Para esto, te propongo:

1. Organiza una cita con tu pareja.
2. Cuando empiece la cita, apaga el celular y explícale que lo ha-

ces para prestarle la atención que se merece. Proponle que haga lo mismo.

3. Disfruta de este tiempo a solas con tu pareja, sin distracciones.
4. Lo ideal es que te pongas de acuerdo con tu pareja para hacer más encuentros desconectados de la tecnología.

EJERCICIO 2 **A LA CONQUISTA**

La tecnología puede ser tu aliada. ¿Qué tal si la usas para sorprender a tu pareja? Envíale una foto, un mensaje de texto romántico, dedícale una canción a través de las redes sociales... ¡Pon en práctica tu creatividad!

El amor,
más allá del
deslumbramiento,
es un compromiso
de tolerancia,
aceptación y
reciprocidad.

He escuchado decir a algunas personas que "el amor no es suficiente para que una pareja dure". ¡Pensaba que estaban locos! ¿Cómo de que el amor no es suficiente para vivir? Esto lo reafirmó mi gran amiga Pilar Sordo, al decir que el amor, más que un sentimiento, es una decisión. Para crear el coctel del amor se necesita de mucho más que enamoramiento. En este punto, ya no me quedaba otra opción que reflexionar sobre esto.

No niego que estar enamorado es una de las mejores sensaciones del mundo: el corazón se acelera, no podemos parar de sonreír y el mundo parece color de rosa. Durante el enamoramiento todo parece perfecto, incluso llegamos a proyectar en la pareja aquello que queremos ver. A la vez, se dan procesos químicos en nuestro cuerpo que contribuyen a que vivamos en ese estado de fantasía.

DEL ENAMORAMIENTO AL AMOR

La ciencia se ha encargado de estudiar que el enamoramiento, como promedio, sucede durante los seis primeros meses de la relación y dura un máximo de tres años. ¿Qué pasa luego?

Si la sensación que anhelamos se acaba de repente, ¿cómo es que hay parejas que duran casadas toda la vida? En *Amarse con los ojos abiertos*, Jorge Bucay y Silvia Salinas usan una frase perfecta para responder a esto:

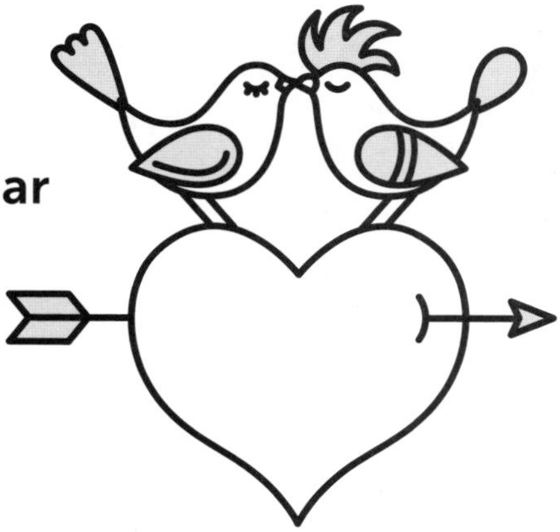

> **"Enamorarse es amar las coincidencias y amar es enamorarse de las diferencias".**[3]

O sea que lo que hacen estas parejas es dar el paso del enamoramiento al amor.

¿CUÁL ES LA DIFERENCIA?

ENAMORAMIENTO	AMOR
• Dura de seis meses a tres años.	• Tiene duración indefinida.
• Existe el nerviosismo, se siente como mariposas en el estómago.	• El nerviosismo disminuye y pasas a expresarte libremente.
• Ves perfecta a tu pareja, proyectas en él o ella lo que quieres ver.	• Ves las diferencias que tienes con tu pareja. El reto es pasar a la aceptación.
• Implica la necesidad de ser correspondido.	• Es un vínculo emocional intenso que da tranquilidad y seguridad.

La diferencia entre el enamoramiento y el amor es que este último es mucho más profundo, lo que hace que requiera de mucho más esfuerzo. A la vez, tiene mayores recompensas. En palabras de la escritora francesa, Françoise Sagan, "amar no es solamente querer, es sobre todo comprender".

COCTEL DEL AMOR

El amor necesita de muchos otros ingredientes para que sea duradero y verdadero: el amor es aceptación, deseo, respeto, admiración, ternura, cariño, amabilidad, afecto, empatía, cordialidad, solidaridad, gratitud, interés, compasión...

El amor se confunde con el enamoramiento, pero en realidad va mucho más allá del deslumbramiento. Es compartir el proyecto de vida con alguien más. Por eso, el amor es una de las decisiones más importantes de la vida.

Tanto Chris como Arturo, dos de los personajes de mi libro *Un buen hijo de P...*, se enfrentan a dilemas amorosos. En los diálogos que sostienen, durante la historia, hay varios temas claves para el coctel del amor:

ACEPTACIÓN

No se trata de cambiar al otro para que sea como tú, sino de aceptarlo tal como es. Abraza tanto las coincidencias como las diferencias: es la única manera de que la relación crezca. Poner condiciones a la manera de ser del otro no es amar.

COMPROMISO

Amar es comprometerse a desarrollar un proyecto de vida juntos. El compromiso provee equilibrio, fortaleza, seguridad, confianza y paz.

PERSEVERANCIA

Ninguna relación es perfecta. Enfócate en las posibilidades de crecimiento, y no en las caídas. Persevera siempre en pos de tener una relación saludable, exitosa y llena de fe.

RECIPROCIDAD Y GENEROSIDAD

La reciprocidad en la pareja tiene que ver con la generosidad. Da siempre lo mejor sin esperar nada a cambio, en eso está la verdadera alegría. Cuando entregas amor, también recibirás amor. Además, como afirma el autor canadiense Brian Tracy, la generosidad "es una muestra de preocupación, compasión y grandeza personal".

PACIENCIA

Ligada a la perseverancia, está la paciencia para soportar los momentos difíciles con la persona que amas. Todo tiene su tiempo: si eres paciente conseguirás el proyecto de vida junto a tu pareja.

PASIÓN

El motor de la vida es la pasión. Haz lo posible para que la pasión con tu pareja nunca se apague; tendrás la energía para superar obstáculos, mantener la mente abierta y una actitud positiva. No vayas a los extremos y dejes que la pasión se desborde: equilíbrala con la razón.

GRATITUD

Agradecer es uno de los actos más nobles del ser humano y el que más aporta a la felicidad. Fíjate en los pequeños detalles y agradécele a Dios y a la vida por la pareja que tienes. También, exprésale a tu pareja gratitud por la compañía, la paciencia, el amor y los detalles que tiene contigo...

Como ves, el amor requiere de varias habilidades y virtudes. Empieza por ser consciente de la importancia que tienen éstas en la relación y empieza por incluirlas en tu vida de pareja.

Pon de tu parte para que la relación funcione: comprométete, sé paciente, admírale, respétale... ¡Haz lo que esté a tu alcance, porque un algo de amor no existe! Entrega todo de ti porque, según San Agustín, "la medida del amor es amar sin medida".

— Tu plan de acción —

EJERCICIO 1 ¿CÓMO ESTÁS EN EL AMOR?

Responde las siguientes preguntas para evaluar cómo te comportas en la relación:

1. ¿Qué sientes? ¿Hay nervios cuando estás al lado de tu pareja, o más bien te sientes en paz?

2. ¿Cómo ves a tu pareja? ¿Encuentras diferencias contigo?
3. Cuando discutes con tu pareja, ¿te concentras en el problema o prefieres ver qué pueden aprender?

Reflexiona si estás en la etapa de enamoramiento o en la del amor. No hay manual para el amor, así que vívelo a tu manera, dando lo mejor.

EJERCICIO 2 PLANES EN COMÚN

¿Alguna vez has conversado con tu pareja sobre los planes que tiene cada uno para su vida? ¿Qué tienen en común los planes de vida individuales?

Es importante que cada cual vaya tras sus sueños, pero al decidir amarse, también necesitan construir un sueño conjunto. Si sus planes no se cruzan en algún punto, revisen cómo hacerlo. Tener un objetivo común es fundamental para que el amor perdure.

La habilidad de escuchar con atención es la base de todas las relaciones afectivas.

La comunicación efectiva es clave en todas las relaciones de pareja. O si no, ¿de qué otra manera se crean y expresan las emociones, conflictos y aspiraciones? La mayoría de veces, cuando nos referimos a la comunicación, se deja de lado la escucha, elemento indispensable para la vida. Es mucho lo que se solucionaría si aprendiéramos a escuchar.

En los matrimonios, por ejemplo, una de las grandes quejas de esposos y esposas es que, según ellos, su pareja no los escucha. ¿Acaso se podrían entender sin escucharse?

Cada vez me convenzo más de que "el secreto del buen hablar es saber escuchar". Esto lo compruebo cuando alguien me invita, por ejemplo, a tomar un café y todo lo que hace es hablar. En los pocos momentos en que se queda callado para escucharme, su expresión dice que no me está prestando atención, sino que está manteniendo un diálogo interno.

Pasa lo mismo con las parejas. ¿Cómo entenderse si no hay disposición de escuchar? Si tu pareja te habla y sólo haces acto de presencia, ten por seguro que, en algún momento, tu relación se fracturará.

CREA EL INTERÉS

El ego nos hace pensar que somos lo único que importa. Nos alejamos de los otros y no nos interesa lo que tengan que decir. El ego termina aislándonos y encarcelándonos. En una conversación, lo único que haremos será hablar y oír, pero no escuchar con atención.

Despedirte del ego es la única manera en la que podrás, realmente, comprender a tu pareja. No hay nada más maravilloso que conectarte verdaderamente con él o ella. Siempre podrás aprender algo y comprender sus ideas, emociones y pensamientos. Estarás abriendo la puerta hacia la empatía y hacia un vínculo profundo.

En ocasiones, pasará que no todo lo que diga tu pareja te interesará. A mí me ha pasado varias veces, y por eso decido tomar acción cuanto antes. Debemos buscar estrategias que ayuden a mejorar la escucha y, por lo tanto, la calidad de las relaciones.

Imagina que tu pareja llega un día emocionada a contarte que aprendió algo sobre la historia de Machu Picchu. Tal vez a ti no te interese la historia, pero la mejor decisión no es hacer como si la escucharas, sino realmente hacerlo. Busca la manera de crear un interés común. Por ejemplo, si te gusta viajar, pregúntale sobre los temas turísticos que aprendió. Verás que la conversación empezará a fluir y podrás escucharla y sentirte a gusto.

Lo importante no es oír y responder cualquier cosa, sino hacer siempre un esfuerzo consciente por escuchar. Crear el interés no es lo mismo que fingir; debes trabajar para mantener la conversación viva y crear una conexión empática con tu pareja.

ESCUCHAR: UNA FILOSOFÍA DE VIDA

Habrá ocasiones en que se dificulte alinear tus intereses con el tema de conversación. En estos casos, debes ser paciente con tu pareja. Recuerda que la paciencia es clave en el cóctel del amor y, una vez más, aquí también lo es.

Un buen escucha le presta atención plena al otro. Siempre se puede crear el interés, pero si se dificulta, llénate de paciencia. Al fin y al cabo, si tu pareja te habla de algo, es porque para él o ella es importante. Escucharla, así no te interese el tema, es una manera de demostrarle cuánto la valoras.

> **La escucha, más allá de ser una técnica de comunicación, debería estar en la categoría de las bellas artes. Es una filosofía de vida porque hace crecer, aprender cosas nuevas y ayuda a solucionar muchos problemas.**

El mundo es de relaciones; no puedes dejar de vivir en sociedad. Recuerda el "Estudio del desarrollo adulto" realizado por la Universidad de Harvard, que demostró que la clave de la felicidad está en las relaciones que se cultivan; no en la cantidad, sino en la calidad.

Para desarrollar vínculos sólidos es importante comunicarnos mejor y aprender a concentrarnos en los demás. Así como sea tu disposición para escuchar con empatía, interés y generosidad, será la efectividad de la comunicación con tu pareja y, por lo tanto, la calidad de la relación.

ESCUCHA ACTIVAMENTE

Mi experiencia como entrevistador me ha enseñado que hay varias maneras de mejorar nuestra escucha. A continuación describo algunas de las cosas que debes tener en cuenta para mejorar esta habilidad:

- Todos tenemos la necesidad de ser escuchados. Tenlo presente en todas las conversaciones para que tu pareja no se sienta ignorada ni frustrada.
- Escuchar no se reduce sólo a lo auditivo. Es captar la totalidad del mensaje. No sólo es importante lo que te dice, sino también cómo lo hace, sus expresiones, actitudes y gestos.
- Un diálogo no es una pelea en la que uno debe hablar más que el otro. Se trata de crear un vínculo real entre mentes y espíritus, en el que podrás comprender al otro.
- Presta atención plena. Tenemos la capacidad de hablar 125 palabras por minuto y de escuchar 400 en ese mismo lapso. Esto puede ser peligroso si no estás concentrado en escuchar, porque la mente se llenará de pensamientos para cubrir el vacío.
- Demuestra interés real por lo que dice tu pareja. Mirarla a los ojos, asentir, hacer gestos, entre otros, son maneras de mostrarle que estás presente, abriendo la puerta de acercamiento a su espacio.

El poder de escuchar es algo que te permitirá comprender a tu pareja y compartir.

— Tu plan de acción —

EJERCICIO 1 ESCUCHA TOTAL

Escuchar es fijarse en todo: las palabras, la actitud, la postura corporal, los gestos, la entonación... Así que la próxima vez que tengas una conversación con tu pareja, concéntrate en escuchar totalmente y evalúa los siguientes aspectos:

- ¿Su actitud se corresponde con el tema del que habla?
- ¿Qué está mostrando con sus gestos?
- ¿Qué te quiso decir con las palabras?

Reflexiona. ¿Su actitud y sus gestos estaban siendo coherentes con lo que decía? ¿En realidad qué era lo que te quería comunicar?

EJERCICIO 2 INTERÉSATE

¿Cómo le haces saber a tu pareja que realmente le escuchas? Obsérvate en cada conversación: ¿Cómo actúas? ¿Qué haces mientras te habla?

Luego, empieza a mejorar la manera en que le demuestras tu interés por lo que dice. Practica mantener el contacto visual y usar una postura corporal cómoda.

Determina si te distraes con facilidad. Si es así, ¿qué podrías hacer para mejorar la concentración?

Las mejores relaciones interpersonales son aquellas con una sólida conexión emocional, basadas en el respeto y en la confianza mutua.

Son varios los elementos para crear el coctel del amor. Dos de ellos, respeto y confianza, merecen especial atención. Sin duda, son los pilares que hacen que las relaciones sean sólidas y duraderas.

La conexión de mentes y espíritus sólo se da a través de un sólido vínculo emocional. Así es como empieza a desarrollarse una relación amorosa. ¡La confianza y el respeto engendran amor!

TODO FUNCIONA CON CONFIANZA

El grado de confianza en una pareja debe ser tal que se puedan expresar los sentimientos y pensamientos con total sinceridad. No confiar en el otro lleva a un estado de incertidumbre y deja el espacio para que la relación se tambalee.

He tenido la oportunidad de preguntarles a varias parejas de abuelos cuál es el secreto para que su relación sea duradera. En la mayoría de los casos encontré la misma respuesta: las distancias, las discusiones y todo lo que se presenta normalmente en una relación se supera si hay confianza mutua.

¿Qué es la confianza? Una de las definiciones del diccionario de la Real Academia Española es: "esperanza firme que se tiene de alguien o algo". Pero la doctora en filosofía Laurence Cornu da una definición que me gusta más: "La confianza es una hipótesis sobre la conducta futura del otro".[4] Así, la confianza va ligada al futuro de las relaciones.

> **Mira la confianza como el cimiento de la relación de pareja y, a la vez, el futuro de ésta. Si al inicio dedicas tiempo y esfuerzo para crear esta conexión, el amor será sólido.**

Las siguientes actitudes sirven para cultivar confianza en la relación:

- Habla con la verdad. Las mentiras no son un buen alimento para la relación. Lo único que dejan es un ambiente de incertidumbre.
- Sé coherente con lo que haces y dices. Lo que sale de tu boca debe ser congruente con tus acciones. De lo contrario, tu pareja podría preguntarse si eres quien dices ser.
- No supongas ni des por hecho. Confiar en tu pareja no significa que no haya dudas, sino que cuando se presenten estarás en la capacidad de hablarlo abiertamente para aclarar la situación.
- Escucha con atención. Ten en cuenta que escuchar es una de las maneras en las que tu pareja sabe que le importas y te ayuda a conocerla mejor.

No ceses de construir la confianza; es algo que se hace día a día. Una vez que hayas empezado, todo funciona. Recuerda no sólo confiar en tu pareja, sino también hacerte merecedor de su confianza.

Conozco el caso de una pareja que, a pesar de llevar más de tres años juntos, no se preocuparon por fortalecer la confianza. Se hacía evidente cada día cuando él mentía sobre lo que hacía durante el día. No porque le estuviera siendo infiel, sino porque pasaba tiempo con sus amigos, y no sabía qué diría su esposa al respecto. Ella, por su parte, nunca confió en él. Todo lo que él decía le sonaba a mentiras, aun cuando fuera cierto.

Esta situación acabó por romper la relación. Ninguno le estaba siendo infiel al otro, pero sí rompían la confianza todo el tiempo: él al mentirle, por irse con sus amigos, y ella al suponer que todo lo que decía él era mentira. La relación no se habría fracturado si se hubieran preocupado por construir fuertes cimientos.

RESPETO SIN LÍMITES

Respetar es aceptar y tolerar al otro tal como es. Es una muestra más de lo mucho que amas a tu pareja y lo agradecido que estás por tener la oportunidad de disfrutar de su amor.

Las siguientes son algunas de las maneras en que puedes demostrar respeto hacia tu pareja:

- Trata de comprenderle y tomar una actitud empática. Para esto, una vez más, la escucha total es una de las mejores actitudes.
- Ponte en su lugar. Tal vez haya algo que para ti no sea tan relevante, pero para tu pareja sí. No lo tomes como una tontería y trata de entender cómo se siente.
- Puede que no compartas su punto de vista, pero debes aceptarlo. Vivir en pareja no se trata de pensar exactamente igual, sino de comprenderse.
- Fíjate en lo que dices. Siempre puedes expresar tus emociones y pensamientos, mientras que lo hagas con la responsabilidad de no herirte a ti, ni a tu pareja.
- Sé honesto. Mentir afecta la lealtad hacia tu pareja y, por ende, la confianza.
- Es normal que se presenten discusiones, pero lo importante es que no pierdas los estribos y tengas la capacidad para hablarlo con tranquilidad, sin pasar a agresiones verbales o físicas.

Vive el respeto como una filosofía de vida: es una muestra invaluable de cuánto te importa el otro.

MÁS ALLÁ DEL IRRESPETO

¿Cuántos casos hemos escuchado de mujeres y hombres maltratados por sus parejas? El maltrato es una de las muestras más grandes de irrespeto. Puede darse de muchas formas, no sólo físicamente, sino también psicológicamente.

Estos casos son un ejemplo de hacia dónde puede llevar la falta de respeto por la pareja. Hacer sentir a tu pareja que sus opiniones no son importantes para ti, ignorarla, burlarse de sus sentimientos... todo esto se origina en la falta de respeto y, por lo tanto, en la ausencia de amor.

No estoy diciendo que hayas llegado a este extremo, pero sí quiero alertarte de que no respetar a tu pareja está tan sólo a un paso de maltratarla. Eso no es amor. El líder indio Mahatma Gandhi lo expresó mejor cuando dijo que "no hay que apagar la luz del otro para lograr que brille la nuestra". El respeto mutuo hace que tanto tú como tu pareja puedan brillar con luz propia.

— Tu plan de acción —

EJERCICIO 1 CAMINAR DE LA MANO

Haz este ejercicio con el propósito de que la confianza siempre camine de la mano de tu relación:

1. Sal con tu pareja a un parque espacioso y no muy concurrido.
2. Venda los ojos de tu pareja. Explícale que la llevarás de la

mano por el parque y que le indicarás si hay algún obstáculo en el camino.

3. Inicia el recorrido, cuidando mucho las indicaciones que le das. Guíala con tu voz de una manera directa.
4. Luego, intercambien los papeles y repitan el ejercicio.

Aunque parezca algo sencillo, no resulta fácil dejarse guiar por el otro, en tanto la confianza no esté fortalecida. ¿Qué maneras se te ocurren para llevar lo que aprendes en este ejercicio a la vida diaria?

EJERCICIO 2 **CAMBIO DE ROLES**

Ponerse en el lugar del otro es una de las claves del respeto. Te propongo que la próxima vez que tengan una discusión y no lleguen a un acuerdo con facilidad, cambien de roles.

La idea es que vuelvan a sostener la misma discusión, pero simulando que tú eres él o ella y viceversa. Piensa en cómo actuaría, qué diría, qué argumentos usaría...

Ya que estuviste en su lugar, ¿comprendes y respetas cómo se siente?

Amar es
mucho más
que encontrar
a la pareja
perfecta.

Todos conocemos los cuentos de hadas en los que el príncipe y la princesa, ambos aparentemente perfectos, viven una historia de amor con bastantes turbulencias, pero con un feliz y mágico final. Basándonos en esto, soñamos conseguir lo mismo: una historia de amor ideal y una pareja perfecta para alcanzar el "felices por siempre". La realidad es que no existe la pareja perfecta, aunque sí el amor ideal. La perfección, gracias a Dios, no existe. ¡La vida sería muy aburrida y no tendríamos posibilidades de aprendizaje!

PERFECCIÓN IMPERFECTA

¿Qué es la perfección? Hay quienes la definen como la ausencia de equivocaciones o como algo con carencias. Otros, como haber alcanzado el nivel máximo posible. Estoy completamente en desacuerdo con ambas definiciones. Personalmente, me gusta tener la certidumbre de que la perfección no existe.

Siempre habrá equivocaciones, y eso no es algo malo. Existen para que aprendamos algo, y mientras haya aprendizaje habrá crecimiento. ¿Qué hay de malo en equivocarse? ¡Afortunados los que lo hacen una y otra vez porque son quienes más aprenden!

Ahora, alcanzar el máximo nivel posible no es un equivalente de perfección. El potencial del ser humano es infinito. Siempre podemos crecer más porque no tenemos límites. Entonces, ¿cómo es posible alcanzar el nivel máximo? ¡No existe! Podemos escalar de nivel cuantas veces queramos: los peldaños son infinitos.

Si la perfección no existe, ¿por qué seguir buscando a la pareja perfecta? Ni tu pareja ni tú son perfectos. Es mejor quedarse con quien te haga sentir bien y, sobre todo, con quien te impulse a ser, en cada momento, un mejor ser humano. Ésa es la persona ideal para ti, no una pareja perfecta e imposible.

AMOR IDEAL

Asimismo, el amor tampoco es perfecto. Eso es, precisamente, lo que lo hace tan emocionante y anhelado. El amor se debe ir construyendo, paso a paso, sin afán pero con esfuerzo, pasión y motivación.

Podría parecer perfecto cuando se está en la etapa de enamoramiento. Recuerda que en esa fase proyectamos en la pareja lo que queremos ver, creando la ilusión de perfección. Pero con el tiempo aprendemos a ver y a aceptar las diferencias desde la comprensión, la tolerancia y el respeto.

Probablemente cuando llegues a este punto de la relación puedas dudar sobre si estás con la persona indicada. Lo primero que debes cambiar en la programación mental es que tu pareja no es perfecta, ni debes esperar que lo sea. Más bien, pregúntate si los dos forman la pareja adecuada y si pueden amarse tal como son.

> **Construir el amor ideal con la pareja es un proceso que exige usar al máximo la sabiduría pero, sobre todo, la intuición.**

El amor ideal no es el mismo para ti que para mí; el amor ideal es una experiencia individual, subjetiva. Por eso, es importante que trabajes junto a tu pareja para construirlo de la manera en que más contribuya a la felicidad y al crecimiento de ambos.

EL VALOR DE LO IMPERFECTO

Te invito a que dejes de relacionar la palabra *imperfecto* con algo negativo. De otra manera te sentirás frustrado al tratar de encontrar algo o alguien que no existe. ¡Abraza lo imperfecto porque ése es el mundo real! Si sigues pensando en la perfección, estarías viviendo en un espejismo, un mundo que no existe.

Lo maravilloso de lo imperfecto está en que nos recuerda que somos seres humanos y que nos equivocamos infinitas veces para crecer y aprender.

Busca un amor puro que te impulse a ser mejor. No obstante, si quieres seguir aspirando a lo perfecto, hazlo como si fuera una escalera que debes subir para ser cada día mejor. Puedes acercarte a la perfección, pero nunca ser perfecto.

Un proverbio chino reza que "un diamante con defectos es mejor que una piedra común que aparenta ser perfecta". ¿Qué prefieres? ¿Conformarte con tener como pareja una piedra común o tener un diamante a tu lado, con plena conciencia de sus defectos?

¿Qué hay de malo en que tu pareja tenga defectos? ¡Tú también los tienes! ¿Qué tal si en vez de hablar de defectos, hablas de oportunidades de mejorar? Las diferencias que tienen son sólo posibilidades de aprendizaje y de crecimiento.

— Tu plan de acción —

EJERCICIO 1 OBSERVA Y AGRADECE

Tómate el tiempo para observar a tu pareja.

- ¿Qué le ves diferente con respecto al momento en que se conocieron?
- ¿Qué te gusta de él o ella físicamente?
- ¿Qué te atrae de su manera de ser?
- ¿Cómo te ayuda a ser mejor persona?

Reflexiona y, si es el caso, agradece por tener a tu lado a alguien que te motiva a ser la mejor versión de ti mismo.

EJERCICIO 2 EN PROCESO DE MEJORA

La comunicación efectiva con la pareja es indispensable, y es la única manera de expresar lo que sienten y piensan. Anímate a hablar sobre las diferencias que tienen. Busca el espacio y el momento perfecto y proponle que hablen sobre alguna de sus diferencias.

Entrégate
sin miedo.
¡Arriesgarse
a amar vale la
pena!

A muchos de los que han tenido, en el pasado, alguna experiencia dolorosa en el amor les cuesta mucho trabajo arriesgarse a iniciar una nueva relación. El miedo se convierte en un obstáculo que inmoviliza y nos aleja de emprender nuevas aventuras.

¿Qué es el miedo? A continuación te ofrezco algunas de sus definiciones:

- Según el diccionario de la Real Academia Española, es "recelo o aprensión que alguien tiene de que le suceda algo contrario a lo que desea".
- Daniel Goleman, experto en inteligencia emocional, lo define como "una aversión irracional hacia un peligro esperado".[5]
- Por su parte, el estadounidense Horace Fletcher dice que "es un ácido que se bombea en la propia atmósfera. Causa asfixia mental, moral y espiritual; mata la energía y todo crecimiento".

El miedo, mal gestionado, dificulta que encontremos la felicidad. Pero no quiero que te quedes con la idea de que es algo malo. El miedo es un elemento necesario para la supervivencia, sólo que debemos aprender a mantenerlo a raya.

Muchas veces el miedo activa una señal de alerta ante algún peligro y nos hace reaccionar rápidamente para evitar ponernos en riesgo. Ésa es su función: mostrar que casi todo representa una amenaza para nosotros. El problema es que, a veces, el miedo nos hace asumir las nuevas experiencias como inseguras al no conocer cuál será su resultado.

Lo que no debemos hacer es tratar de eliminar el miedo, porque no es posible. Pero sí podemos controlarlo y enfrentarlo. Lo ideal es que invites al miedo a que sea tu compañero de vida. Pero sólo eso: que te acompañe, y nada más.

No le des al miedo la opción de que tome las decisiones de tu vida por ti. De lo contrario, el miedo te paralizará, te detendrá, te impedirá avanzar e, incluso, evitará que veas más allá.

EL RIESGO DE AMAR

Sé que, como a muchos, en ocasiones te puede dar miedo lanzarte a la aventura de amar. Hay varias razones: porque, tal vez, en el pasado has sido lastimado por tu pareja; porque, de pronto, tus padres no pudieron vivir juntos en armonía y creciste viendo eso; porque te asusta lo desconocido...

Cualquiera que sea la razón, ¡no permitas que el miedo bloquee la posibilidad de disfrutar una de las cosas más maravillosas de la vida: el amor y la compañía!

Es totalmente cierto que el miedo es ausencia de amor. ¿Cómo vas a saber lo que es el amor si no te arriesgas? ¿Qué es lo peor que podría pasar?

¡Claro, ya sé que estás pensando que te podrían romper el corazón! Pero, no lo veas así. Disfruta todo el amor que das y recibes, independientemente del resultado.

El amor, venga como venga, siempre es y será una bendición. Atrévete a enfrentar el miedo para que dejes de vivir en "modo piñata", esperando a que alguien te golpee a ver si alcanzas a observar las oportunidades.

Llénate de amor, y no de miedo; es la única manera de que salgas de la piñata.

Si te llenas de amor, el umbral de merecimiento se expandirá, por lo que también recibirás amor y no habrá nada que temer. Pero si te sigues llenando de miedo, ese umbral se reducirá y te restringirá. Así que arriésgate y permite que se den cambios, no solo en el amor sino en cada aspecto de tu vida, porque es la única manera de crecer.

EL PLACER DE ENTREGARSE

Sin miedo, te podrás entregar plenamente a la relación de pareja. ¿Qué pasa si decides dejar que todo fluya? Pues el mayor riesgo es que crezca. Así lo reconocía el autor francés Antoine de Saint-Exupéry, al plantear que "el amor es lo único que crece cuando se reparte".

No hay manera de que encuentres al amor de tu vida si no tomas la decisión de entregarte al amor. Podrías tener varias parejas antes de que encuentres a aquella con la que quieres compartir el resto de tu vida, pero sólo lo sabrás si te entregas en cada una de las relaciones que decides vivir.

Ten presente que al arriesgarte también está la posibilidad de fracasar. Pero recuerda que el fracaso no es malo, es tan sólo una nueva oportunidad de aprendizaje. ¿Qué prefieres: permanecer inmóvil y no saber qué podrías sentir o permitirte experimentarlo?

El autor, conferencista y gran amigo mío Eli Bravo dice que la posibilidad de fracasar siempre existe pero que hay que diferenciar la posibilidad de la probabilidad. Es decir, que la probabilidad de que algo ocurra depende de muchas cosas, por lo que no necesariamente implica que ocurra. Pero si tu pareja y tú están dando todo de sí, ¿de qué te preocupas? ¡Deja que el amor fluya!

— Tu plan de acción —

EJERCICIO 1 ¡LIBÉRATE!

Reconocer y ser consciente de los miedos es el primer paso para enfrentarlos y vencerlos. Dedica unos minutos a sentarte en un lugar tranquilo que te invite a la reflexión. Toma papel y lápiz y haz el siguiente ejercicio:

- Si no tuvieras miedo de vivir el amor, ¿qué harías?
- ¿Qué has dejado de hacer en el amor por causa del miedo?
- Haz una lista de los miedos que tienes con respecto al amor y las relaciones de pareja. Por ejemplo: que te rompan el corazón, perder tu independencia, que te sean infiel... Escribe todo lo que venga a la mente.
- Explica las posibles causas de cada uno de esos miedos que anotaste.
- Analiza las razones que escribiste: ¿son miedos justificados o imaginarios?

Ahora que conoces tus miedos y sus razones probables, ¿qué esperas para enfrentarlos? ¡Anímate a hacerlo para que puedas ser libre!

EJERCICIO 2 TRANSFORMA EL MIEDO EN AMOR

Meditar es una de las mejores maneras de reflexionar y de programar nuestra mente. Con la breve meditación que describo a continuación empezarás a transformar los miedos en amor:

- Busca un lugar tranquilo y siéntate en una posición cómoda, con la espalda erguida.

- Concéntrate en la respiración, inhalando y exhalando suave y profundamente. Si vienen otros pensamientos a la mente, déjalos que fluyan, pero no te concentres en ellos.
- Luego, deja que vengan a la mente los miedos asociados al amor, aquellos que te bloquean para mantener relaciones de pareja sanas.
- Enfócate sólo en uno de esos miedos y agradécele. Obsérvalo con gratitud y repite mentalmente: "Gracias por haberme acompañado hasta aquí, pero ya no te necesito, te dejo ir. ¡Gracias!" Siente cómo el corazón y la mente se llenan de agradecimiento.
- Haz esto con cada uno de los miedos que te vengan a la mente hasta que pierdas la concentración o hasta que sientas que fue suficiente por ese día.

Realiza este ejercicio a diario cuantas veces lo necesites. Poco a poco, el miedo se convertirá en amor.

Ama mucho,
ámate mucho.
Hallar tal
equilibrio es
sinónimo de
felicidad.

¡Qué hermoso es amar! Es un sentimiento que llena el alma de regocijo y agradecimiento. Si así nos sentimos cuando amamos a otros, ¿puedes imaginar lo que se siente cuando nos amamos a nosotros mismos con gran intensidad?

De hecho, no hay manera de que puedas amar verdaderamente a otros si no empiezas por hacerlo contigo. Es una de las mejores maneras de aumentar el umbral de merecimiento y de autoconocerse.

AUTOESTIMA: FILTRO DE LA VIDA

La autoestima es el nivel de amor que tenemos por nosotros mismos. Por su importancia, considero que es una de las columnas estructurales de la inteligencia emocional. De la autoestima depende gran parte de nuestro equilibrio.

La autoestima comienza a formarse en la niñez y en la adolescencia, y va siendo moldeada por quienes nos rodean: padres, amigos, hermanos, maestros... Las experiencias y personas que nos rodean durante estas etapas de la vida son determinantes para la imagen que nos hacemos de nosotros mismos.

La manera en que nos vemos se convierte en el filtro con el que vemos y vivimos la vida, en los lentes con los que percibimos tanto nuestro mundo interno como el externo. Si no te das el valor que tienes y mereces, ¿cómo esperas que los demás te lo den? ¡Sólo depende de ti!

QUIÉRETE PARA SER FELIZ

¿Qué es eso de querernos? ¿Qué beneficios nos trae? En el pasado estaba mal visto hablar de amarse a sí mismo porque parecía un acto de egoísmo. No hay nada más equivocado que creer que amarse es egoísta, porque es el acto de amor más grande hacia los demás. Para entregar a los otros lo mejor de nosotros, lo primero que hay que hacer es ordenar nuestra casa. Después podremos crear caminos y todo cuanto nos propongamos en las relaciones interpersonales.

Lo que pasa es que hay unas cuantas personas que lo llevan al extremo. De nada sirve profesarse a sí mismo amor puro y profundo si no se comparte con el mundo. ¡Eso sí que sería un acto de egoísmo!

Según el catecismo de la Iglesia católica, los Diez Mandamientos se resumen en dos: "Amarás a Dios sobre todas las cosas y al prójimo como a ti mismo". Tal idea es recurrente en las prioridades de muchos: "después de Dios, nosotros", "como a ti mismo", "amarnos bien para amar mejor".

Los cabalistas dicen que la idea de "amar al prójimo como a ti mismo" no se refiere al trato con los demás, sino a "tratar el alma, la parte eterna, la fuente del hombre". Creen que si lo practicamos así, "desaparecerán todos los problemas, dolores y sufrimientos del mundo".

Más allá de las diversas interpretaciones sobre la cantidad de amor que debemos profesarnos, es evidente que los seres humanos ahora entendemos mejor tales beneficios. Hay densos análisis sobre el tema, pero también otros más terrenales. Por ejemplo, si viajamos en avión, siempre nos advierten: "En caso de despresurización, colóquese primero su máscara de oxígeno, antes de ayudar a los demás". Tan simple como eso.

Amarnos es sólo el primer paso, porque el segundo consiste en corresponder las bendiciones recibidas. Si no practicas el poder de dar sin esperar nada a cambio, efectivamente te convertirás en un egoísta. Y déjame decirte que eso tampoco es amarte.

Todos los días puedes hacer pequeñas cosas que tendrán un gran impacto sobre tu vida. Los siguientes son algunos consejos para amarte y respetarte:

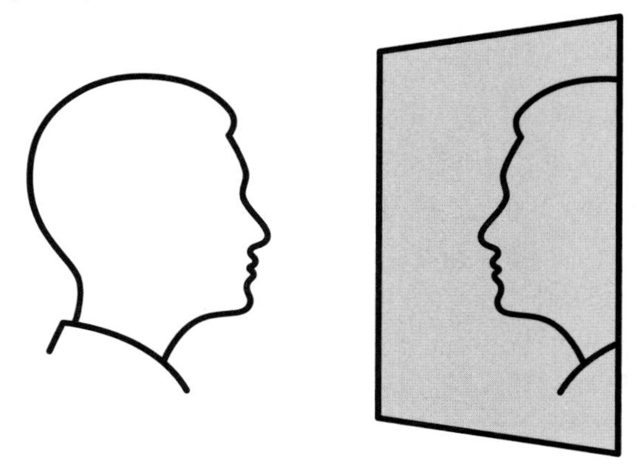

- Cuida las palabras, actitudes, pensamientos y comportamientos que tienes contigo mismo. Tienes que aprender a tratarte bien y a evitar las conductas destructivas que te hacen sentir mal.
- Escúchate y conéctate con tu "yo interior". Sólo dentro de ti están las respuestas para cualquier cosa en la vida, además de que es la mejor manera de conocerte y comprenderte.
- Consiéntete y atiéndete. No esperes a que nadie te mime, toma tú la iniciativa. ¿Qué tal un masaje o una cena saludable sólo contigo?
- No te juzgues. Todos tenemos la tendencia a ser muy duros con nosotros mismos. Está bien que si algo no sale como lo esperabas, reflexiones. Pero no te concentres en lo negativo, sino más bien en lo que aprendiste. Destacar siempre lo que haces mal no conduce a nada bueno.
- Nunca te compares con otros, porque lo habitual es hacerlo a manera de desaprobación. Todo lo que eres y tienes son bendiciones, no eres más ni menos que los demás.
- Admírate. Reencuéntrate con los talentos y habilidades que te hacen único. ¡Celébralos cada vez que puedas!

- Elige con cuidado a las personas con las que decidas relacionarte. Hay personas tóxicas que no te hacen sentir bien: pon distancia en la medida de lo posible.

Empieza a poner todo en práctica y verás pronto los resultados. No sólo te amarás, sino que asumirás la responsabilidad de que la felicidad depende única y exclusivamente de ti, y que no recae para nada en personas o situaciones externas. Porque, como dijo el escritor y poeta Hermann Hesse, todo el que ama es feliz porque "la felicidad es amor, no es otra cosa".

COMPARTE LO QUE CULTIVAS

Sólo puedes dar lo que ya tienes. Por eso, es importante que te llenes primero de amor propio. Sólo siendo feliz de manera individual podrás contribuir a la felicidad de otros. Relaciónate siempre desde la abundancia espiritual y emocional.

Ésta es la mejor manera de alimentar tus relaciones de pareja. Te podrás conectar con el otro ofreciéndole lo mejor de ti sin la necesidad de esperar nada a cambio, pues ya eres feliz por tu cuenta. "Debes tener en mente que quieres una pareja para poder compartir tu felicidad, no para encontrarla", afirma la doctora Diana Dizdaveric.

— Tu plan de acción —

EJERCICIO 1 DIARIO DE CRÍTICAS Y ELOGIOS

Busca un cuaderno o libreta en el que puedas llevar un diario. Al terminar cada día, dedica unos minutos para reflexionar, y luego escribe las críticas que te hiciste durante ese día. Enseguida, piensa en las cosas que hiciste bien, anótalas y felicítate por ellas. Cuando termines, haz un balance: ¿qué fue lo que más hiciste durante el día, criticarte o elogiarte?

Probablemente, si antes no has trabajado en mejorar la autoestima, la balanza se inclinará hacia las críticas. ¡No te angusties! La idea es que con lo que observas a diario puedas ir cambiando pensamientos y comportamientos. Con el tiempo, la balanza se equilibrará y posiblemente empiece a inclinarse hacia los elogios. Aprenderás a ver todo lo bueno que hay en ti.

EJERCICIO 2 **DECRETA AMOR PROPIO**

Los decretos (o afirmaciones) son de gran ayuda para programar nuestra mente si los repetimos varias veces todos los días con convicción.

Párate frente al espejo y, mirándote a los ojos, repite cinco veces los siguientes decretos:

Repítelos cada vez que tengas oportunidad.

Nunca pierdas
la esperanza
en el amor.
Mantén la llama
viva. ¡Es tu
derecho!

No hay razón alguna para que pierdas la esperanza en ningún aspecto de la vida. Perder la esperanza en el amor hace que dejes de creer en él, que dejes de intentarlo y, por eso, no es posible que lo atraigas a tu vida. Con desesperanza te sentirás abrumado y estancado.

Entonces, ¿qué es la esperanza? Es estar convencidos de poder superar los problemas que debemos enfrentar a diario.

¿OPTIMISMO O ESPERANZA?

Muchos confunden la esperanza con el optimismo. Siempre hago énfasis en que son diferentes, aunque están relacionados. El optimismo es un estado de ánimo que produce fortaleza, que inspira a luchar y a tener la seguridad de que se puede lograr lo que nos proponemos. La esperanza no es un estado de ánimo, sino un sentimiento positivo que se da cuando tenemos la convicción de que las cosas saldrán bien. Pero ambos, optimismo y esperanza, nos impulsan a tomar los inconvenientes con la certeza de poder superarlos cuando aparezcan.

Así que, si bien estas cualidades no son iguales, sí son interdependientes. Es imposible vivir siendo pesimista. Un optimista, en cambio, lo último que pierde es la esperanza.

La esperanza otorga fortaleza espiritual, mantiene los sueños vivos para que se hagan realidad, siembra la certeza de que nunca seremos vencidos, aparta lo negativo y permite gozar de lo magnífico que nos regala la vida.

DE LA DUDA A LA ESPERANZA

La esperanza le da luz a tu relación, le pone alas. ¿Cómo es eso posible? ¡Despejando la duda! En mi libro *La vida es una piñata* explico cómo alejarnos de la duda para dejar de vivir como seres inertes, o en "modo piñata", y más bien confiar en que el futuro será tan brillante como lo deseemos.

Hay instantes que significan mucho para la relación. Sin embargo, te llenas de dudas y de miedos y no sabes cómo enfrentarlos. Es en esos momentos cuando debes gestionar las dudas para transformarlas en esperanza. Aléjalas decretando que todo estará bien porque tienes la seguridad y la fe de que así será.

LA ESPERANZA: ABRIGO DEL AMOR

Mantener la esperanza en el amor y en la relación de pareja ayuda a que tengas los pies firmes en el presente, pero la mirada atenta al futuro. Así alejas la impotencia y apartas las desilusiones.

Si, por el contrario, bajas la mirada, te quedarás pensando en lo que pudo haber sido y, por lo tanto, en lo que dejaste de disfrutar. La esperanza es una invitación a que mantengas el amor en pie y lo hagas más fuerte. No hay malos momentos, sino opciones de aprendizaje.

> **El amor es para disfrutarlo, por eso necesitas ser fuerte. No siempre vivirás momentos placenteros en la relación, pero debes mantener la llama de la esperanza viva para luchar por el sueño de amor conjunto.**

El escritor y teólogo judío Maurice Lamm cataloga la esperanza como el "puro deseo de vivir ante la desesperación, imaginando un futuro mejor". ¡El amor y la esperanza son una combinación perfecta! ¿Qué mejor manera de disfrutar del amor que imaginar el futuro que deseas junto a la persona que amas?

Quienes más tienen esperanza suelen ser mejores para establecer objetivos. Y el amor es la decisión de tener un proyecto de vida en pareja, así que ser hábiles para fijar metas es una gran ventaja.

Ten confianza en el futuro del amor, aunque no sepas exactamente cómo se desenvolverá la relación de pareja. Deja que el verde de la esperanza y la llama de la luz pinten el amor de verdad, éxito y abundancia. Así, junto al tiempo, al esfuerzo y a la imaginación —según el autor estadounidense Jim Rohn—, se podrá desarrollar la relación.

BENEFICIOS DE LA ESPERANZA

Miles de beneficios se obtienen al mantener la llama de la esperanza viva en la relación. Los siguientes son sólo algunos de ellos:

- Abre las puertas hacia tus sueños. Una vez más, recuerda la ley de la atracción: atraes aquello en lo que te enfocas. Si te concentras en la certeza de que el amor llegará o perdurará, lo atraerás a tu vida.
- Abre espacio para la luz. Mantener la esperanza hará que, cuando se presenten obstáculos, sepas que todo estará bien y no pierdas la fe. Si, por el contrario, dejas que la desesperanza se apodere de tu vida, llegará la amargura.
- No te conformes. Como tienes la esperanza de que todo puede ser mejor, busca la manera de que tu relación sea cada día más sana y exitosa. Trabaja por hacerlo realidad.
- Sonríe y mantente de buen humor. La esperanza te hace sentir que la felicidad es posible, y eso se refleja en tu sonrisa. Te verás más atractivo frente a los ojos de tu pareja. Vive en el presente y mira hacia el futuro. El pasado ya pasó, lo que importa es disfrutar el aquí y el ahora con tu pareja, con la seguridad de que un futuro juntos está por venir.

— Tu plan de acción —

EJERCICIO 1 PENSAR EN EL FUTURO

Habla con tu pareja sobre cómo se ven en el futuro: ¿Casados? ¿Con hijos? ¿Viviendo juntos? ¿Cambiándose de ciudad? ¿Ejercitándose? ¿Comiendo sanamente? ¿Charlando con amigos? ¿Formando una familia?

Conversen sobre todo lo que pase por su mente. Les ayudará a tener la certeza de que sus sueños se harán realidad. Así, sólo queda que se esfuercen por mantener la esperanza viva y trabajar para que se cumpla todo lo que se propongan.

EJERCICIO 2 VISUALÍZATE

Una vez más, te invito a usar la meditación. Esta vez como un medio para encontrar la esperanza. La idea es que visualices cómo estarás en el amor en el futuro para que tengas la certeza de que todo estará bien.

1. Sentado con la espalda derecha, cierra los ojos. Concéntrate únicamente en el ritmo de la respiración.
2. Imagina que tienes frente a ti un camino ancho. ¿Cómo es? ¿Plano o montañoso? ¿Hay naturaleza alrededor? Percibe la mayor cantidad de detalles posibles.
3. Empieza a recorrer el camino al ritmo en el que te sientas cómodo.
4. Cuando estés listo, deja que tu pareja se dibuje al lado derecho. Si aún no tienes pareja, imagina la silueta de alguna persona. Deja que te dé la mano y continúen caminando juntos.
5. ¿Qué ves? ¿Hay niños? ¿Hay una casa? ¿Hay una argolla de matrimonio? ¿Hay sonrisas? ¿Hay amor? Deja que en el camino aparezca todo aquello que quieres para el futuro de tu vida amorosa.
6. Siéntelo y disfrútalo.
7. Cuando estés listo, regresa y abre los ojos lentamente y con la seguridad de que lo que imaginaste se hará realidad en el futuro.

Familia y hogar

4

Honra a tus padres, educa a tus hijos y nunca abandones tu niño interior.

Siempre debemos honrar a nuestros padres, sin juzgarlos. Generalmente, no han tenido a la mano la información necesaria completa sobre cómo criar y educar a sus hijos. De hecho, ¿quién la tiene? ¡Nadie! Los hijos no nacen con un manual bajo el brazo. Sin embargo, cada nueva generación tiene más conocimientos que la anterior en cuanto a la labor de ser padres. Es por eso que los de hoy están mejor preparados que los de mi generación para realizar con éxito la tarea.

Actualmente, los gobiernos, los médicos y hasta los medios de comunicación se preocupan por promover la responsabilidad y la toma de conciencia a la hora de tener un hijo. Constantemente se habla de temas como planificación familiar o el estilo de vida que debe adoptar una mujer que desea quedar embarazada o que ya lo está.

Hoy una mujer embarazada se preocupa por tomar vitaminas prenatales, hacer ejercicio, cuidar su dieta y su estado de ánimo, porque es consciente del impacto que los buenos hábitos de salud pueden tener en su hijo. Mi abuela no sabía que todo esto era importante, así que probablemente no lo hizo. No por falta de ganas, sino por falta de información.

De manera que cada vez se dispone de más información. Pero lo que sí se mantiene constante de generación en generación, de padres a hijos, es el amor.

El amor de un padre hacia un hijo generalmente es el mismo, y lo seguirá siendo. Es una emoción que no necesita recetas, ni manuales y que, me atrevo a decir, se activa tan pronto se acerca el momento. Más adelante hablaré de este tema y le rendiremos un homenaje al amor de familia.

EL ESFUERZO DE UNA BUENA EDUCACIÓN

A pesar del amor, las familias muchas veces se enfrentan a un problema cuando los hijos dejan a un lado la comprensión y juzgan la mentalidad de sus padres. Es muy fácil señalar las limitaciones que dificultaron que recibieras lo que, desde tu perspectiva, es una mejor educación familiar. No me refiero a aquella educación que te enseña a comportarte de una manera determinada, a respetar a los otros, a dar los buenos días y las gracias. Hablo de otro tipo de educación; por ejemplo, la educación nutricional, que tanto determina el bienestar. Antes no había suficiente información sobre las desventajas de una dieta desbalanceada, ni del impacto de la obesidad y la falta de ejercicio. Tampoco de otros buenos hábitos de salud que, cuando se aprenden de niño, se quedan para toda la vida.

Los padres hicieron su mejor esfuerzo para educar a sus hijos e hicieron uso de su propia experiencia con sus padres. Pero las limitaciones no eran sólo familiares, pues los maestros también las tenían. Los sistemas de educación tenían una visión distinta, la sociedad estaba menos informada y era más resistente al cambio, y las costumbres y creencias eran más difíciles de modificar.

Por lo tanto, muchas de las creencias de mi generación no son únicamente consecuencia de la educación familiar, sino también de la educación recibida en la escuela. Juzgar aquello que te enseñaron no aporta nada. Pero sí puedes hacer algo para cambiarlo:

1. Toma conciencia de aquellas creencias o hábitos heredados.
2. ¿Qué puedes hacer para cambiarlos?
3. Empieza por comportarte de acuerdo con esa nueva creencia o hábito que quieres para tu vida. De esa manera, en un futuro, no les enseñarás lo mismo a tus hijos.

Éste es un primer paso, pero debes saber que aun haciendo los ajustes que consideres necesarios, cuando seas padre o madre, es muy probable que tus hijos te juzguen. Así es la cadena de la vida. Porque, en unos años, ellos tendrán más información que tú ahora.

¿EDUCACIÓN O DOMESTICACIÓN?

A nuestros padres hay que honrarlos y valorarlos sobre la base esencial del agradecimiento, el amor y el perdón. Si un hijo, después de ser consciente de aquello que pudo haber limitado su desarrollo, llega a la conclusión de que sus padres pudieron haberse esforzado más, tampoco debería juzgarlos. Lo que se necesita en estos casos es el poder del perdón. ¡Saber perdonar es uno de los actos más hermosos en una familia!

Cuando estés criando a tus hijos, es muy importante que expreses respeto y admiración por tus padres frente a ellos. Al educar transmites valores y principios de vida. Me gustaría definir el concepto de educación. Los hijos vienen cargados de inocencia al mundo, llegan puros. Por esta razón, desde su gestación empiezas a programarlos.

> **Hay quienes dicen que desde la segunda o tercera semana de gestación la mente de los bebés ya empieza a ser programada y, por lo tanto, se influencia su futura manera de actuar y pensar. Esto conlleva grandes riesgos.**

Pitágoras, el gran filósofo y matemático griego, dijo que "educar no es dar carrera para vivir, sino templar el alma para las dificultades de la vida". Así que el riesgo está en no darles una educación a los hijos que los prepare para enfrentar la vida. Más que un proceso de educación, la enseñanza puede convertirse en un proceso de "domesticación". La palabra parece dura, pero se ajusta perfectamente a la idea.

¿Por qué domesticación?

1. Porque se corre el riesgo de enseñar al niño a vivir en un ambiente limitado por reglas que debe obedecer.
2. Porque limitamos su necesidad de cambio, lo condenamos a llevar en su mente ideas viejas en un mundo nuevo.

> **Educar a tus hijos es enseñarles a tener personalidad propia y a ser creativos. No es ponerles enfrente una hoja de papel con figuritas de colores para rellenarlas. Educar no es enseñar a colorear dentro de un grupo de líneas. ¡Eso es domesticar!**

Educar es posibilitar que sus pensamientos y colores traspasen las líneas y construyan realidades nuevas y únicas. Es hacer que logren cambiar formas y estilos, enseñarles a pensar con cabeza propia, sin sacrificar la unidad familiar. ¡Nadie dijo que la educación de un hijo fuera una tarea fácil, pero tampoco es algo imposible!

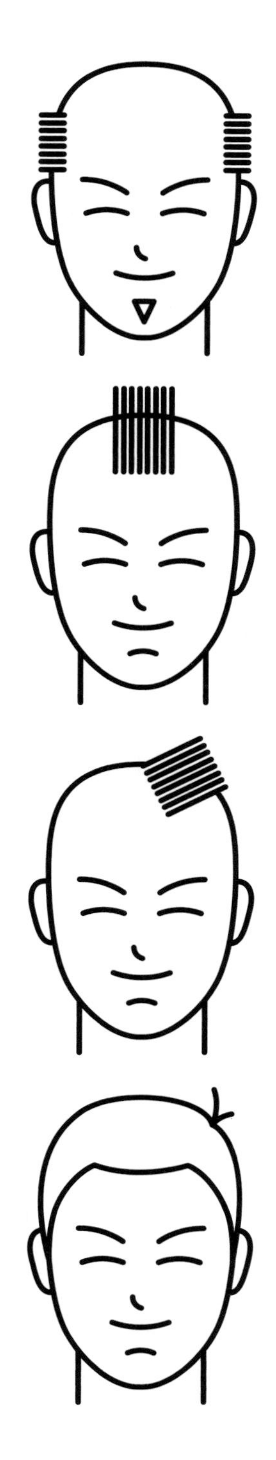

REGRESAR A LA NIÑEZ

Para que se cumpla correctamente la inmensa tarea de educar a tus hijos, debes tener la capacidad de dejar salir el niño que está dentro de ti. ¡Ese niño interior nunca debe ser olvidado! Hay que motivarlo y sacarlo a relucir cuantas veces sea necesario, porque así te distancias de las normas, costumbres y prejuicios sociales que entorpecen el camino.

Debes retomar esta etapa cuando juegas el papel de padre o madre, porque te pones a la altura de los niños y te es más fácil identificarte con sus intereses. Se trata de retomar la claridad y la pureza de una edad en la que no decías mentiras, eras espontáneo y en la que tenías una permanente y voraz curiosidad por saber qué hay más allá del horizonte o más arriba de las nubes.

No debes perder la capacidad de asombro que tenías cuando eras niño, porque te identifica y acerca más a quienes educas y preparas para el mañana.

La adultez no tiene por qué ser un estado lamentable, como algunos piensan. Para vivirla y disfrutarla a plenitud hay que añadirle sabiduría, conciencia y mayor capacidad para disfrutar la vida.

Es imprescindible, entonces, no distanciarte jamás del niño que llevas dentro. Muchos lo olvidan, y en la medida en que van haciéndose más adultos, se dejan asfixiar cada vez más por la frustración. Hay personas a las que se les borra hasta la sonrisa. Con esa actitud ante la vida es imposible educar a las nuevas generaciones.

Algunos pierden la capacidad de imaginar a medida que crecen, no perciben mucho más allá del área visual y auditiva que los rodea y su imaginación se esfuma. Cuando, como padre, enfrentas la vida sin imaginación, estás diciendo a tus hijos que ésta no es necesaria en la vida. Para un hijo nada es más importante que el ejemplo de los padres.

Hace tiempo vi un video que andaba rodando por las redes sociales. Era una campaña sobre dar un buen ejemplo a los niños. Mostraba diferentes casos de menores con conductas inadecuadas. Por ejemplo, gritando a otros, siendo agresivos o insultando a sus compañeros. Unos segundos después mostraba a sus padres haciendo lo mismo, mientras que los hijos los miraban. ¡Sencillamente, estaban replicando lo que sus progenitores hacían!

Recuerdo una frase popular que afirma que "los niños son como esponjas". ¿Por qué? Porque todo lo absorben, nada escapa a su paso. Es una forma clara y sencilla de aludir a su intuición. Muchas veces se pasa por alto cuando se actúa sin capacidad de asombro, sin sueños ni entusiasmo.

Un bebé de tan sólo día y medio de nacido ya puede ofrecer una sonrisa a sus padres. A tan temprana edad no es consciente de que reír es la fórmula más eficaz para que la vida también le sonría. Y aun así, lo hace. ¡Reír es muy fácil! La vida nos ha concedido esta maravillosa capacidad. ¿Qué sucede cuando pierdes esa capacidad que tenías desde pequeño? Empiezas a negarle espacio a tu niño interior.

El camino a la espiritualidad, a la libertad personal y a la inteligencia emocional debería comenzar en la infancia. Como expliqué en mi libro *El analfabeto emocional*, hay muchos seres humanos rendidos a la frustración porque su voz fue silenciada en esas etapas tan complejas del ser humano. Pero quiero dejar claro que si no fue posible que esto sucediera entonces, aún estamos a tiempo.

El aprendizaje es eterno. En la adultez podemos reparar algunos daños del pasado, con dedicación y paciencia. Pero el "milagro" sólo se hará realidad si entendemos en qué tramo del camino estamos, si llegamos a comprender que el problema existe y si nos proponemos crecer para solucionarlo.

Mientras avanzan los índices educativos, el mundo sigue prácticamente de espaldas a la inteligencia emocional. Ahí tenemos un reto por delante. Y el problema no es sólo de las instituciones educativas, sino de cada uno de nosotros. Empecemos por casa.

— Tu plan de acción —

EJERCICIO 1 CUALIDADES HEREDADAS

- Haz una lista de cinco cualidades que crees que has heredado de tu mamá y cinco de tu papá. Hazlo en honor a ellos.

A. Cinco cualidades heredadas de mi mamá:
B. Cinco cualidades heredadas de mi papá:

- Despierta tu niño interior. Haz una lista de cinco cualidades que tenías en la infancia. Ten en cuenta si la espontaneidad y la curiosidad eran algunas de ellas.
- A partir de la respuesta anterior, nombra aquellas que aún mantienes. Sé sincero, porque medirás cuánto de aquel niño aún vive en ti.

Si escarbas bajo la corteza imaginaria que protege a tu familia, encontrarás tendencias e historias que se repiten.

La identidad familiar es más que un vínculo natural de sangre. La verdadera identidad se desarrolla cuando se respeta la herencia, la espiritualidad y las tradiciones de todas las generaciones. La unidad del hogar se sostiene, sobre todo, en "las semejanzas de sus almas", como afirma José Martí.

En la medida en que las tradiciones y herencias calan en cada uno de los miembros de la familia, sobre todo en los más jóvenes, crece la unión familiar; los puntos de coincidencia son mayores y los intereses se vuelven comunes. La familia se transforma en un gran equipo.

LOS CONFLICTOS SON NATURALES

No digo que no haya conflictos. Es natural que se den. No podemos pasar por alto que cada miembro de la familia es un ser humano diferente, con identidad propia, con derecho a asumir la vida y sus responsabilidades de la forma que considere conveniente, aunque no coincida con los otros.

Los distintos puntos de vista pueden salir a flote en varios aspectos:

- En la política y la religión.
- En la manera de enfocar la sexualidad.
- Incluso en cuestiones como la moda, la forma de peinarse o la preferencia musical.

Cuando aparecen diferencias de cualquier tipo, se pone a prueba la capacidad de liderazgo de los padres, quienes deberán mantener unida la espiritualidad del hogar.

A EVITAR LA "CONTAMINACIÓN"

Conozco la historia de una madre que hacía todo lo posible para que sus dos hijos no cargaran la historia de la familia del padre.

En el pequeño pueblo donde vivían, esta última era considerada muy avara, tenía fama de tacaña. Se casaron por amor, pero también porque él no formaba parte de ese círculo familiar que se había ganado tan mala fama.

Ella consideraba la avaricia una de las actitudes más negativas de los seres humanos y temía que sus hijos se "contaminaran". Decidió enseñarles la cualidad de saber dar y recibir. Se propuso hacer de ellos personas generosas, convencida de que la generosidad es una virtud hermosa.

Como cristiana, los educó bajo el valor de dar a quien lo necesite. Visitó junto a ellos hogares de ancianos, familias pobres, vecinos y amistades, a quienes siempre llevaban algún presente. Lo importante no era el valor: podía ser una flor, una ración de postre casero, una postal o hasta un dibujo de la escuela... Lo que contaba era que siempre entregaban algo.

Asimismo, la madre se propuso realizar un acto de bondad todos los domingos en la iglesia. Además de aprender a ser generosos, todos comenzaron a sentir agradecimiento, a pesar de que sus regalos no tenían un gran valor económico.

Así, la madre siempre se esforzó para que la avaricia no fuera lo que caracterizara a sus hijos y eliminó la posibilidad de una posible "contaminación".

Lo que hizo fue escarbar bajo la corteza imaginaria que cubría a su familia. Descubrió tendencias e historias negativas, pero se propuso que no se repitieran. La avaricia no es genética, pero el ambiente influye en nuestra vida. Por eso, debes guiar la educación de tus hijos por el camino que más les aporte valor para el futuro.

EL RESPETO ES LA BASE

La creación de hábitos positivos en los niños es esencial a la hora de prepararlos para el mañana. Éstos tienen mucho que ver con la comprensión y el respeto que hay en el hogar. Por eso, es bueno aclarar que el respeto no es únicamente hacia los padres o los mayores de la casa. Es sano que se manifieste entre todos, porque es un factor determinante en la unión y felicidad familiar.

El respeto se puede expresar en pequeños detalles. Así que te recomiendo:

1. Dar los buenos días al levantarte y despedirte antes de ir a dormir.
2. Evitar hacer ruidos que afecten a los otros.
3. Mantener una actitud positiva.
4. Dar las gracias, siempre.
5. Hacer lo posible para que la familia se sienta unida, relajada y feliz.

Los valores familiares descansan precisamente sobre el respeto. Cuando las relaciones en el hogar se caracterizan por este valor, la estabilidad de la familia es un hecho.

— Tu plan de acción —

EJERCICIO 1 IDENTIFICA ACTITUDES NEGATIVAS

1. Toma un lápiz y una hoja en blanco. Escribe lo que consideres actitudes negativas en los miembros de la familia.
2. Reflexiona y escribe cuáles de esas actitudes podrían ser tu legado. Escudriña en tu yo interno.
3. De acuerdo con las respuestas, trázate un plan de trabajo. Proponte comenzar a crear buenos hábitos en tus hijos y nietos, para que esas posibles tendencias negativas no se repitan en ellos.

Podemos disfrutar del éxito laboral o social, pero si el hogar está dividido, la felicidad y el triunfo nunca serán plenos.

Si no existen relaciones positivas entre la familia, si se pierde la espiritualidad, el triunfo no es completo. Muy a menudo nos sumergimos por completo en el trabajo y, lamentablemente, abandonamos el hogar, casi sin darnos cuenta.

ÉXITO: RESULTADO DEL TRABAJO EN EQUIPO

El éxito de la familia es la suma de todos los triunfos individuales logrados bajo una misma sombra. Si salimos a buscar el éxito, cerrando las puertas del hogar, estaremos adoptando una actitud que raya en el egoísmo.

A pesar de la agitada vida moderna, es indispensable que encuentres el tiempo necesario para compartir los triunfos con la familia. Un escritor puede vender millones de libros, un músico dar conciertos por todo el mundo, un empresario escalar hasta los puestos más altos de su compañía. Cada uno de nosotros puede saborear el éxito en la vida, pero éste no es verdadero si sacrificamos la armonía del hogar y la unión de la familia. En este caso, el éxito no es más que un engaño.

¿Puedes celebrar el éxito si descuidas a tus hijos, sacrificas el matrimonio o abandonas a tus padres? No digo que sea imposible obtener riquezas materiales así, pero ¿vale la pena lograrlas si la familia está en juego?

¡QUE LA DISTANCIA NO SEA UNA EXCUSA!

Tampoco es buena idea creer que toda la familia debe vivir siempre bajo un mismo techo. Cada integrante es un ser humano diferente, con sus propios intereses y obligaciones. Puedes vivir en la misma casa o a miles de millas de distancia, pero la geografía no es un obstáculo. Debes ver los triunfos o contratiempos de cada uno como un resultado del trabajo en equipo.

Una familia unida puede vivir un momento difícil si un hijo se marcha de casa. En ese instante se puede producir una conmovedora mezcla de tristeza e incertidumbre, que únicamente es soportada si el optimismo y la confianza están presentes.

Debes sobreponerte a la angustia si tus hijos toman su propio camino. Más que interpretarlo como una división, debes asimilarlo como una extensión de la familia y del espíritu que la mantendrá unida.

> **La unión familiar hay que cultivarla con más esmero cuando se produce una separación física. Nunca debe pasarse por alto que el amor familiar, en muchas ocasiones, es el soplo que echa a volar los sueños.**

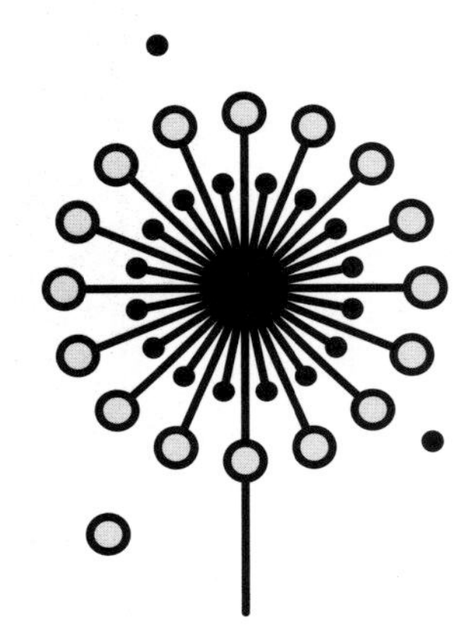

El filósofo español Rafael Gambra solía decir que la familia era "la primera y más universal de las formas de sociabilidad". Es decir, en la familia empieza todo lo que podamos edificar como sociedad. Es el primer escalón donde reímos, lloramos, compartimos, nos quejamos y construimos nuestros sueños.

Te recomiendo seis *tips* para mantener unida a la familia cuando, por cualquier motivo, se enfrente a una separación física:

1. Aprovecha el desarrollo de las comunicaciones para mantener contacto.
2. Celebra las fechas tradicionales, porque brindan la oportunidad de reunir a todos: Navidad, el Día de Acción de Gracias, las vacaciones de verano.
3. Que la distancia no sea un motivo para ocultar problemas, con el supuesto ánimo de no preocupar a los demás. El amor de la familia ayuda a soportar los momentos difíciles.

4. Mantén a la familia informada de tus éxitos.
5. Nunca olvides los días significativos: fechas de cumpleaños, aniversarios de boda.
6. Ten un plan para que, en caso de emergencia, puedas ir a ayudar.

Siempre me intrigó la familia de una amiga. Desde pequeños, su padre casi nunca estuvo porque viajaba mucho por su trabajo. Luego, cuando ella y sus hermanos crecieron, fue la madre quien debió viajar, mientras que su padre, por fin, podía permanecer en casa. Siempre me pregunté cómo lo hacían. ¿Cómo sobrevive una familia que padece tales separaciones? ¡Estamos hablando de un matrimonio de 35 años, que siempre ha funcionado así! Un día se lo pregunté a mi amiga y su respuesta fue: "Siempre hemos estado separados físicamente, pero eso no significa que no estemos unidos. La familia está unida en tanto estemos en contacto y confiemos el uno en el otro".

Mi amiga tenía toda la razón. La familia es mucho más que vivir bajo un mismo techo.

— Tu plan de acción —

EJERCICIO 1 **APUNTA EN UN PAPEL:**

- La última fecha en la que te reuniste con la familia.
- La última vez que participaste en una comida familiar.
- Si te separa la distancia, ¿cuándo fue la última vez que te comunicaste con un familiar?
- Reflexiona: ¿Qué tan lejanas están estás fechas? ¿No crees que podrías estar más cerca de tu familia con pequeños detalles?
- Apunta las fechas especiales para asegurar que nunca se te olviden: cumpleaños, fechas de matrimonio o graduación, entre otras.

Un líder no es simplemente un jefe. La familia es una tribu, donde consigue la influencia quien mejor inspira a los demás.

Cuando somos niños necesitamos el calor de la familia. A medida que crecemos y forjamos nuestros puntos de vista nos vamos integrando a la comunidad. Como seres sociales nos conectamos constantemente con otras personas. Para que estas conexiones prosperen, requerimos del respeto y las normas de conducta que definen a las sociedades actuales.

En la medida en que tenemos más conocimiento y más información, más positiva será la interacción con los demás. Ahora bien, además de todo eso, para que una sociedad funcione de manera ordenada y eficiente, necesitamos de liderazgos sólidos. La familia no escapa a esa regla, porque es un equipo en el que cada cual tiene una responsabilidad. Generalmente, ese líder es el "jefe de familia".

LAS TRIBUS FAMILIARES

La familia es como una tribu. Este término se remonta a miles de años atrás, a las culturas judía y grecolatina. Se utilizaba para nombrar a un grupo de personas con cultura similar y con antepasados comunes. Es cierto, nada más parecido a una familia.

Por lo general, el jefe de la tribu es la persona con mayor experiencia, la que más respeto inspira y casi siempre es la más anciana. En el hogar lo llamamos "cabeza" o "jefe de familia".

Usualmente destacamos la importancia de un buen líder, definimos sus cualidades y cuánto es capaz de aportar al éxito de una empresa o de un proyecto determinado. Sin embargo, raras veces hablamos de la necesidad de un liderazgo efectivo a nivel familiar.

EL ROL DEL JEFE DE FAMILIA

Dirigir un hogar no es tarea fácil. El jefe de familia, al igual que un líder político, religioso o empresarial, debe influir en los otros, en cada uno de estos planos:

- Físico
- Mental
- Espiritual
- Emocional

Ocho objetivos básicos que debes proponerte como líder de la familia:

1. Contribuye a la unidad espiritual, aunque tengan maneras distintas de ver el mundo y practiquen religiones diferentes.
2. Incentiva la lealtad y el amor entre todos.
3. Vela para que nunca se practique el engaño y la mentira.
4. Haz que todos participen en las decisiones familiares. Crearás un ambiente de trabajo en equipo. Para lograrlo, deberás escuchar a todos.
5. Sé comunicativo con los demás.
6. Debes ser como el bambú, o sea, fuerte y flexible.
7. Impulsa las tradiciones familiares para mantener la unidad.
8. Si aprecias que algunos problemas se salen de control, no dudes en solicitar ayuda profesional.

Por supuesto, para lograr estos propósitos hay que dedicar tiempo a la familia. El liderazgo en el hogar comienza a fallar cuando otros deberes, sobre todo laborales, te alejan de la familia.

En la familia el éxito es responsabilidad de todos. Pero es el líder quien se encarga de mantener el rumbo hacia ese éxito.

Según la Biblia: "el hogar es la cuna donde se preparan los líderes". Realmente es así porque, en definitiva, la familia es la célula básica de la sociedad.

Dentro de la familia se inicia la educación de cada uno de nosotros. Comienzan a crearse los hábitos que te distinguirán durante toda la vida. No pases por alto que sobre la base de la educación y las costumbres familiares descansa toda la sociedad.

¡No es fácil ser un líder familiar! ¿Por qué? Porque el liderazgo se practica en medio de un ambiente de amor y cariño. Un padre-líder nunca podrá tener la misma relación con un subordinado en la empresa que con un hijo. El hogar lo obliga a un mayor control emocional, pues en muchas ocasiones tiene que decidir entre el deber y el cariño, y esas decisiones nunca son fáciles de asumir. Más que en órdenes de trabajo, un líder-jefe de familia basa su labor en buenos consejos. Cuando un líder inspira, aconseja correctamente e influye a sus miembros, la familia se mantiene unida y feliz.

— Tu plan de acción —

EJERCICIO 1 RESPONDE LAS SIGUIENTES PREGUNTAS:

- ¿Ocultas algunos de tus problemas a la familia?
- ¿Mentiste alguna vez?
- ¿Estás seguro de que estás al tanto de los principales problemas que afectan a quienes forman tu hogar?
- ¿Tienes buena comunicación con cada uno de los miembros de la familia?
- Si no eres el líder, ¿participas de las principales decisiones de la familia?
- ¿Dices a los miembros de tu familia cuánto los quieres?

Para estar
en paz con el mundo,
primero hay que
gestionar la paz con
uno mismo y con la
familia.

La paz interior es un privilegio que llena el alma de gozo. La conseguimos cuando enfrentamos la vida llenos de autoconfianza y optimismo, y estamos dispuestos a luchar por la conquista de los sueños.

Si como individuo no disfrutas de la paz interior, tampoco podrá hacerlo el resto de la familia. La razón es muy simple: la familia es el reflejo de quienes la componen y responde a sus actitudes y sentimientos.

Pero no todo queda ahí, pues esto da lugar a otra reacción en cadena. Cuando la familia no tiene paz, no puede reflejarla en la sociedad. Recuerda que la familia es el elemento natural que da forma a la sociedad. Sin familia, no existe sociedad.

Por lo tanto, cuando la familia funciona de forma positiva, su influencia en la sociedad también es positiva; pero cuando funciona mal, la hiere.

Además, la paz, el amor, la comunicación y la tolerancia son factores determinantes en el equilibrio y la armonía del hogar. Cuando el hogar los proyecta hacia la sociedad, ayuda a sustentar la felicidad y la unidad. Primero debemos sembrarlos y cultivarlos en la familia. También influyen otros sentimientos y actitudes, por ejemplo: la bondad, el perdón y la admiración.

LA FAMILIA: BASE DE LA SOCIEDAD

Bernard Shaw, escritor irlandés y Nobel de Literatura, decía: "El servicio más grande que puede ser rendido por cualquier persona a su país y a los seres humanos es hacer crecer una familia". ¿Por qué? Porque necesitamos de ella para aprender los valores que necesitan nuestras sociedades.

La madre Teresa de Calcuta preguntaba: "¿Qué puedes hacer para promover la paz mundial?" Con la bondad que la caracterizó, ella misma contestaba: "Ve a casa y ama a tu familia".

El origen de actitudes negativas y violentas radica esencialmente en la familia, en formas de crianza que alejan a las personas de la ética y la espiritualidad. Si la familia enseña a odiar, es imposible que no nos mueva el odio. Si enseña a discriminar, es imposible que no discriminemos a otros.

En el presente, la familia enfrenta retos que no imaginaba unos pocos años atrás. La vida es rápida, el desarrollo científico-técnico es acelerado, los cambios sociales se suceden unos tras otros. Eso nos obliga, como individuos y como familia, a estar preparados para enfrentar los cambios.

La estabilidad y la unión del hogar dependen de la capacidad de enfrentar los cambios. Cuando alguno es incapaz, se afecta a todos; como un efecto dominó, se producen fricciones y se quiebra la unidad y la paz.

DEFENDER LA FAMILIA SIEMPRE

No sólo para estar en paz con el mundo, sino también para que la paz sea un valor practicado en la sociedad, debe sembrarse y cultivarse su semilla en los hogares. Su sombra protegerá a la sociedad.

La familia es el bastión de la sociedad. En ella te educas y desarrollas. Es donde aprendes a amar, donde compartes alegrías y tristezas, éxitos y fracasos. Es el único lugar donde encuentras amor a cambio de nada, es ese refugio permanente en el que siempre eres bien recibido.

Por todo eso y mucho más, es un deber defenderla, para que todas esas bondades traspasen las paredes hacia la sociedad en la que vives.

— Tu plan de acción —

EJERCICIO 1 DISCUSIONES

Responde las siguientes preguntas:

- ¿Discutes a menudo con algún miembro de la familia?

En caso de que tu respuesta sea afirmativa, responde:

- ¿Esas discusiones provocan que la familia tome partido por una u otra parte?
- ¿Cómo reacciona el jefe de la familia cuando se producen esas discusiones?
- ¿Por qué se producen las discusiones? Analiza sus causas. ¿No eres capaz de evitarlas? ¿No estarás siendo intolerante?

Hasta en las
mejores familias
se disputan
los éxitos y se
reparten las
culpas.

El asunto no es erradicar los debates en la familia. Si éstos existen, deben ser sobre la base del amor, el respeto y la tolerancia, con el fin de que contribuyan al bienestar y a la unidad del hogar.

Cuando se discute en familia, todo lo malo debe quedarse en el hogar. Y todo lo bueno debe ofrecerse a la sociedad. Es normal que se produzcan desacuerdos, pero siempre debe reinar el amor y la armonía.

En familia, salvo excepciones, nos comportamos tal cual somos, porque hemos vivido juntos muchas etapas de nuestra existencia. Con sólo mirarlo, una madre sabe perfectamente lo que le sucede a un hijo. Y los hermanos —de tantas experiencias vividas— también se conocen lo suficiente como para predecir determinados comportamientos.

Que la familia se conozca en profundidad es un elemento positivo, porque ayuda a una mejor convivencia. Aun así, a veces no es suficiente, y se utiliza ese conocimiento para generar problemas entre los miembros. Las discusiones civilizadas, orientadas a resolver dificultades, son beneficiosas porque aportan ideas y soluciones.

¿Por qué es normal? Entre otras razones, porque una familia no está compuesta por personas exactamente iguales. Cada miembro de la familia es un ser único que interactúa en sociedad con otros y que también es influenciado por ideas externas.

INFLUENCIAS EXTERNAS

Cuando un niño comienza a asistir a la escuela, traspasa los límites del hogar y empieza a relacionarse con integrantes de otras

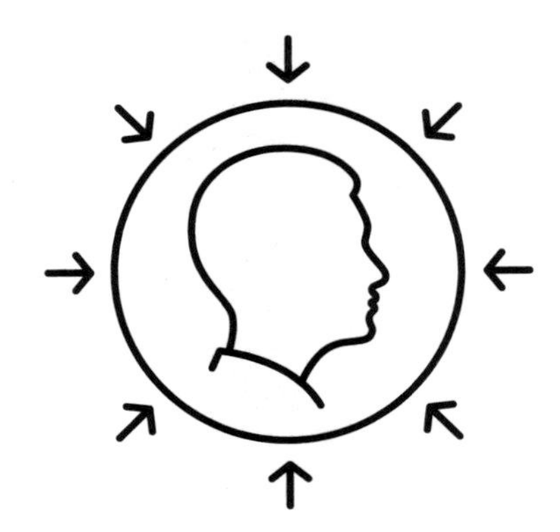

familias. Ese encuentro trae como consecuencia cambios en las creencias y en la manera de actuar. A veces éstos son diferentes a los de la familia, lo cual abre espacios a la confrontación de ideas.

Esto se da especialmente en la adolescencia, un momento de búsqueda y construcción de la identidad. Es un momento en el que se reciben múltiples influencias externas y aparece la confusión normal. Es entonces cuando se escucha a los padres quejarse de sus hijos adolescentes porque no los comprenden. Mi recomendación aquí es el diálogo y la comprensión, porque es en este punto crítico de desarrollo donde, sin guía, el adolescente puede desviarse de los valores familiares.

La influencia externa no se puede evitar. ¡Hasta encerrados en la habitación estamos en contacto con el mundo! Esto es útil, pero pone a prueba los valores familiares.

¡Nunca como ahora la unidad familiar se ha visto tan amenazada! No podemos aislar a la familia. Por tanto, la tarea por mantenerla unida requiere más esfuerzo e inteligencia que nunca.

Éstas son siete razones que pueden originar desacuerdos en el hogar:

1. Tener ideas distintas en lo político o lo religioso o lo filosófico.
2. Los celos entre sus miembros.
3. El estrés. Puede afectar a uno de sus miembros o a la familia completa. Se manifiesta comúnmente cuando un suceso negativo daña la tranquilidad.

4. Eventos como un matrimonio o un divorcio.
5. Una muerte, sobre todo si es repentina, deja un vacío que puede provocar conflictos de intereses.
6. Los negocios familiares.
7. Maneras diferentes de enfrentar la sexualidad.

— Tu plan de acción —

EJERCICIO 1 ZANJAR LAS DIFERENCIAS FAMILIARES

- Toma papel y lápiz.
- Escribe el nombre de los miembros de la familia que no piensan igual que tú.
- Lee detenidamente lo escrito.
- Piensa si vale la pena discutir.

Pregúntate:
¿Mi amor hacia él o ella está por encima de cualquier diferencia?

Si es una familia unida, estoy seguro de que es más importante el amor. Por tanto, trázate el propósito de no discutir, de ser tolerante y no dejarte provocar. La familia disfrutará de más paz.

Cuida tu casa. Venera tu hogar. Celebra tu familia.

La familia es el regalo más hermoso que nos ha otorgado la vida, pero también es una de nuestras responsabilidades más importantes. Sólo cuando se empieza a formar una nueva familia es cuando comprendemos realmente cuánto debemos venerar a padres, abuelos, bisabuelos, tíos y a todos los que nos dieron la oportunidad de contar con un hogar unido, lleno de dicha, bondad y amor.

Recuerdo un hermoso proverbio anónimo que escuché decir muchas veces a mi abuela: "Si gobiernas tu casa, sabrás cuánto cuesta el arroz; si crías a tus hijos, sabrás cuánto debes a tus padres".

UNIÓN FAMILIAR

Los vínculos de sangre que definen a la familia se forman a partir de una atracción mutua que da lugar a la unión. A partir de ahí, se convierte en creadora de valores únicos y útiles para la sociedad.

Según el papa Juan Pablo II: "Entre los numerosos caminos, la familia es el primero y el más importante. Es un camino común, aunque particular, único e irrepetible, como irrepetible es todo hombre; un camino del cual no puede alejarse el ser humano".

Además del vínculo sanguíneo, a una familia la unen lazos afectivos, éticos y morales, así como las tradiciones y la espiritualidad.

El hogar es un templo sagrado. Todo lo que ocurra bajo ese techo y entre esas paredes tendrá repercusiones en nuestra vida durante muchos años. Las opiniones sobre qué permitimos en nuestra propia casa o qué nos permitimos a nosotros mismos son diversas. Sin embargo, siempre deberíamos acudir al sentido común para establecer dichos límites.

El valor del ejemplo debería prevalecer, así como la responsabilidad en la educación de los demás. Nuestro hogar tiene que ser un centro de buenas influencias para todos.

ONCE TIPS PARA UNIR MÁS A LA FAMILIA:

1. Respeta las tradiciones familiares, porque éstas ayudan a transmitir los valores.

2. Trabaja en equipo. Aunque todos tienen su propio proyecto de vida, están en la obligación de apoyarse mutuamente.
3. No sólo el líder es responsable de trabajar por la paz y la felicidad. Ésa es una labor que corresponde a cada uno de los miembros. Para que reine la paz en la familia, no se puede olvidar que primero se debe hallar la paz interior.
4. Disfruta los éxitos de los demás como propios. En un hogar unido, todos son uno.
5. Perdona, porque así enriqueces la vida familiar.
6. Controla las emociones.
7. Comprende la forma de pensar y actuar de los demás, aunque no coincidan con la tuya.
8. No mientas, aunque la verdad pueda sonar dura.
9. Sé paciente, busca tiempo para escuchar a los demás y favorece la comunicación entre todos.
10. Sobrelleva con inteligencia y habilidad el carácter de cada uno de los miembros.
11. Respeta a todos aquellos que lleguen a formar parte de la familia.

— Tu plan de acción —

EJERCICIO **FORTALECE LA UNIÓN FAMILIAR**

- Analiza la manera en que tu familia forma parte de la sociedad y cuánto le aporta.

Responde la siguiente pregunta:
¿Consideras que perteneces a una familia unida?

- Mide el nivel de felicidad en tu hogar. De los 11 tips para unir más a la familia, ¿cuántos se cumplen?
- Reflexiona: ¿Cómo puedes seguir trabajando para fomentar la unión en tu familia?

Amigos y yo social

5

Si consigues vivir en paz contigo mismo, serás un imán para atraer buenos amigos.

Uno de los grandes retos a los que se enfrenta el ser humano en la sociedad actual es a ser fiel a sí mismo. Vivimos agobiados por los juicios de valor. La presión social es tal que casi cualquier circunstancia es capaz de minar nuestra confianza. ¿Qué significa ser uno mismo? Vivir nuestra esencia sin temor a sentirnos solos, ni a la influencia de los demás; este temor nos puede alejar de nosotros mismos.

Vivimos condicionados por el qué dirán. La sociedad nos ha impuesto un paradigma: mostrar una imagen mejorada de nosotros mismos. Una versión idealizada y falsa en nuestro intento de agradar a todo el que conocemos. Así, lo que logramos es perder la identidad y, a la vez, la naturalidad.

La aceptación personal es fundamental. Nuestra confianza o inseguridades serán las que mostremos hacia afuera. Como ya he dicho en uno de los capítulos anteriores, no hago referencia exclusivamente a la imagen exterior. Esforzarnos por escucharnos y comprendernos nos ayudará a dar lo mejor de nosotros mismos, lo que somos en realidad: seres maravillosos llenos de inseguridades, que podemos superar.

La falta de aceptación interior también nos lleva a un estado de tensión. Ese vértigo por el miedo a no ser aceptados nos impide disfrutar de la oportunidad de conocer a nuevas personas, e incluso de afianzar las buenas relaciones que ya tenemos. No queremos ser nosotros porque no nos aceptamos, no nos queremos. Nos vemos limitados ante la pregunta: ¿Qué esperan los demás que sea yo?

EL MIEDO A ESTAR SOLOS

Conozco a quienes se unen a otros para tener siempre alguien a su lado. Yo, en cambio, trato de disfrutar ciertos momentos de soledad para escuchar mis ideas, mis pensamientos. Es fundamental, especialmente para evitar compararnos. Esto no es otra cosa que autoconvencernos de que hay elementos y creencias en nosotros que no funcionan o que nos falta dominar. Nos movemos por la distracción de la vida que viven los demás, sin comprender que cada uno es distinto.

Nos vemos obligados a intentar agradar, a costa de cualquier cosa, para ser populares. Recuerda que toda obra de teatro finaliza, que los personajes no perduran para siempre. Es imposible mantener una fachada perfecta cuando por dentro estamos rotos. Ser auténtico es clave en el arte de la sociabilidad.

Es curioso ver, en muchas ocasiones, a personas capaces de hacer amigos con facilidad y de manera instantánea. Admiras a esas personas por su facilidad de palabra, su magnetismo y su carisma. Sin embargo, pasado el tiempo, podrás comprobar que sólo los que son auténticamente así mantienen las amistades durante años. El que proyecta una imagen falsa acaba quedándose solo o buscando nuevas personas que aún desconozcan el velo que le cubre.

¿Cómo podemos llegar a ser fieles a nosotros mismos?

1. Conociéndonos mejor, examinando nuestro interior.
2. Dando respuesta a esa complicada pregunta que tanto me gusta hacer en las conferencias y que nadie suele responder con sabiduría: ¿Quién soy?

Debemos autoanalizarnos para contemplar nuestro yo interior y conocernos mejor. Analiza cada aspecto de ti. Evalúate y valora las elecciones que has realizado a lo largo de tu vida. Descubre los aciertos que has tenido y acepta tus errores. No vivas en el pasado. Piensa cómo has caminado por los años y la personalidad realista que te define, no la que proyectas a los demás. Encuentra tus habilidades y fortalezas. Pregúntate cómo te verás dentro de cinco, 10 o 15 años y examina si ese "yo del futuro" es factible. ¿Te reconoces?

Una vez respondida la pregunta ¿quién soy?, no podemos más que aceptarnos y tratar de mejorar en lo que pensemos que hemos errado. Eso sí, sin perder la realidad de los objetivos que nos marquemos y evitando infravalorarnos, una tendencia a la que somos muy dados. No se trata de mentirnos, sino de crear nuevos hábitos de conducta.

SÉ TÚ MISMO

Hay que aceptar que no somos perfectos. ¡Nadie lo es! Una vez que hayas aceptado esta dura realidad, te aseguro que disfrutarás más de la vida. Ser uno mismo nos ayuda a estar tranquilos, a ser más creativos, a potenciar nuestras habilidades, ya que las conocemos. A ser sinceros y auténticos.

Sin embargo, mantener nuestra esencia no significa que vivamos sólo bajo nuestras reglas, sin tener en cuenta a los demás. No se debe vivir en los extremos. Ser tú mismo te ayudará a mejorar las relaciones con los demás y a mostrar una imagen más viva de ti. Como afirma el escritor estadounidense Robert Louis Stevenson: "Un amigo es un regalo que uno mismo se da".

Confiar en nosotros, querernos, atrae a los demás. Es cierto que este paso conlleva también admitir que no simpatizaremos a todo el mundo. ¡Es imposible! Existen envidias, competitividad e inseguridades que afectan también a los que nos rodean. Ya te lo he dicho: nadie es perfecto. Pero al menos nosotros estaremos tranquilos al ser genuinos en nuestra actitud con cada una de las personas con las que interactuemos y, sobre todo, con nosotros mismos.

Además, ¿te has dado cuenta de que la gente a tu alrededor también tiene fallos? Nos gusta rodearnos de personas reales, y toda persona real es imperfecta. ¡Es cierto! Un estudio del investigador Elliot Aronson avala mi teoría.[1] Un grupo de sus estudiantes analizó las grabaciones de personas que respondían una prueba. Los que tiraban el café y escribían correctamente las respuestas transmitían una personalidad más amable. Demostró que el atractivo de una persona superior se ve reforzado si comete un error torpe. La hipótesis inicial de este estudio era que una persona superior puede ser vista como sobrehumana y, por lo tanto, distante. Un error tiende a humanizarlo y, en consecuencia, también su cercanía.

Lo que me gustaría que comprendieras es que la relación que más debemos afianzar es con nosotros mismos. Me encanta el libro *El Principito*, de Antoine de Saint-Exupéry. Su autor afirma en sus páginas que "sólo se ve con el corazón. Lo esencial es invisible a los ojos".[2]

Antes de conectarnos con los demás, debemos fortalecer la relación con nosotros. Y ése es un paso innegociable. Romper este lazo sería un auténtico acto de autodestrucción personal o nos sumiría en una profunda depresión. Nadie puede querernos como nosotros mismos. El amor propio, en su justa medida y sin llegar al ego demasiado inflado, es fantástico. De ahí nace la pasión por las cosas que hacemos, y con ello la abundancia y el bienestar.

Amarte a ti mismo te ayudará a disfrutar doblemente del placer de compartir con otros. Como explico en mi libro *La vida es una piñata*, la satisfacción personal nos ayuda a interactuar en paz con nuestros semejantes y aceptar aquellas cosas que no podemos cambiar en nosotros y en los demás. Así todos somos felices.

— Tu plan de acción —

EJERCICIO 1 **MEDITA**

- Para alcanzar el bienestar espiritual es fundamental potenciar la conexión con nuestras emociones. Para ello, uno de los mejores ejercicios es meditar, mirar en nuestro interior, escuchar nuestra conciencia. No sólo te servirá para conocerte, sino que también te generará felicidad y alegría, lo que te conectará aún más contigo mismo. Repito una vez más: meditar es un auténtico manantial de abundancia.

EJERCICIO 2 **BUSCA EL SILENCIO**

- El segundo ejercicio es que encuentres el silencio. Para ello no tienes que encerrarte en una habitación. Te invito a que, por ejemplo, cuando camines hacia el trabajo o a clases no pongas la música o la radio en tus audífonos. Tienes que ser capaz de encontrar la paz interior, el silencio, en medio del bullicio de las calles, para así crear el hábito de escucharte en los tiempos muertos durante el día. No te pido que olvides lo que te rodea, sino que seas capaz de crear tu silencio, a pesar del ruido de la ciudad o el barrio.

Sé tolerante
con los demás,
aunque no
compartas sus
opiniones.

Una vez que hemos aprendido que debemos aceptarnos a nosotros mismos, es importante que hagamos lo mismo con las personas que nos rodean. Vivimos en un mundo caracterizado por la globalización. Si no son los viajes, son las redes sociales las que nos dan la oportunidad de conocer gente al otro lado del planeta. Personas con diferente cultura y educación, con pensamientos completamente distintos a los nuestros.

La diversidad social nos aporta una gran sabiduría. Es una gran virtud tener la mente abierta a los conocimientos que pueden aportarnos los que no piensan como nosotros. ¿Sabes lo que es clave en estos casos? Saber escuchar de una forma libre de prejuicios. Y esto sólo se consigue gracias a la tolerancia.

Pero no tenemos que irnos a una cultura dispar, como sería la hindú, por ejemplo, si la comparamos con la de Estados Unidos. Con nuestro propio vecino nos sucederá lo mismo. Bien sea porque los valores en los que nos han educado desde niños son diferentes o porque hemos llegado a distintos niveles educativos. Incluso en algo tan básico como el día a día. Mientras escribo estas palabras, llora un bebé en el apartamento contiguo. ¿Interfiere en mi creatividad literaria? Obviamente que sí. Sin embargo, ir a la puerta de los papás a protestar sólo les causará angustia y dolor, al no poder callar a un

La tolerancia es fácil de alabar, aunque muy complicada de practicar y cumplir. Sin embargo, saber ejercerla nos facilitará la interacción con los demás porque transmite una sensación de confianza.

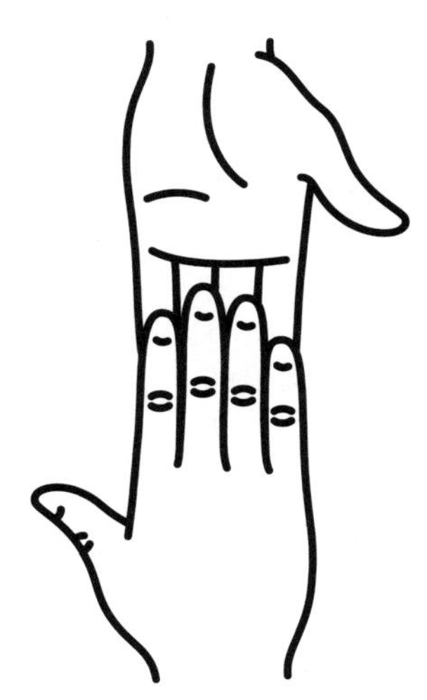

recién nacido que quiere hacerse oír. Tenemos que ser comprensivos con los demás.

La tolerancia no sólo debemos llevarla a los amigos o conocidos, sino también dentro de casa, a nuestra familia. Dialogar en la mesa para la organización de ciertas tareas de la casa, escuchar los inconvenientes y propuestas de los que componen nuestra familia, aumentará el lazo que nos une. Recuerda que la comunicación es el pilar de la tolerancia. Y éste es un ejercicio que nos ayuda a mantener la salud mental.

GENERA EMPATÍA

En la Universidad de Virginia, Estados Unidos, se llevó a cabo un interesante estudio.[3] El psicólogo James Coan sometió a varias resonancias magnéticas el cerebro de 22 personas. De esta manera trataba de analizar la actividad cerebral mientras estaban bajo amenaza de recibir pequeñas descargas, tanto ellos como un amigo o un desconocido. Obviamente, los investigadores descubrieron que las regiones del cerebro que se encargan de la respuesta a la amenaza se volvían activas cuando iban a sufrirla ellos mismos. Sin embargo, se mostraba una actividad casi idéntica cuando la amenaza afectaba a un amigo. Ésa es la empatía: ponerse en la piel del otro.

El científico Giacomo Rizzolatti, de la universidad italiana de Parma, descubrió, al realizar estudios en primates y posteriormente en seres humanos, que existen unas células cerebrales que nos ayudan a imaginarnos haciendo lo que otro hace, imitándolo. La fuerza de las "células espejo" es tal, que afectan las emociones, ayudándonos a crear esa sensación de empatía y proyectándonos a nosotros en una situación similar o igual.[4]

Para ser tolerantes con las opiniones y formas de ser de los demás, debemos:

1. Ser empáticos y comprender el contexto de aquello que no nos gusta.
2. No prejuzgar; estos pensamientos negativos se instalan automáticamente como críticas ante cualquier opinión e impiden escuchar. De esta manera desechamos las valoraciones ajenas ante un detalle y desperdiciamos una oportunidad de aprendizaje.
3. Aceptar al otro tal y como es, sin tratar de cambiarlo.

¿Cómo queremos convivir con alguien a quien no toleramos? Debemos entender cómo es y aprender a vivir con las diferencias que nos separan, al igual que les tocará hacer a los otros con nosotros. ¿O crees que no hay gente que te respeta como eres, a pesar de no pensar como tú? ¡Claro!

Como dice Bernard Meltzer: "Usted puede hacer muchos más amigos en dos meses al interesarse sinceramente en las demás personas, que los que usted puede hacer en dos años al intentar hacer a las demás personas interesadas en usted".

Ser tolerantes significa ser respetuosos. Ya existen demasiadas personas intolerantes en el mundo como para que tú y yo también lo seamos. El bienestar se alcanza con la tranquilidad frente a la discusión, y la humanidad, frente a la envidia. Recuerda lo que dice Eustace Budgell: "La amistad es una inclinación fuerte y habitual en dos personas en promover el bien y el gozo en cada uno de los dos".

TODOS SOMOS UNO

Todos somos uno, no hay separación alguna. Nuestro gran problema es la separación que establecemos entre el "nosotros" y el "ellos", como comenta el doctor Wayne Dyer en su libro *Tus zonas sagradas*. He aprendido mucho de este maestro espiritual —ya fallecido—, pionero en el campo del descubrimiento personal. Dyer afirma que el "nosotros" y el "ellos" es el sentido de separación que el ser humano va creando a conveniencia.

Primero, el "nosotros" es toda tu familia; los demás son "ellos". Pero cuando empiezas a tener problemas con miembros de tu familia, ya el "nosotros" se va acortando y volviendo más pequeño. Entonces, "nosotros" son los miembros del clan que siguen pensando igual, y "ellos", los miembros de la familia que ahora piensan diferente.

Lo mismo pasa con los hijos. Cuando tienes hijos y aún los puedes dominar, ellos son "nosotros". Pero cuando piensan diferente a ti, empezarás a decir que los padres son "nosotros", y tus hijos, "ellos". Y cuando cambias de pareja, ya el "nosotros" se transforma, porque tu ex cónyuge ahora es "ellos". En realidad, debemos entender que somos personas espirituales y que, por ello mismo, absolutamente todas nuestras mentes están conectadas.[5]

Dyer usa un ejemplo excelente para explicar que existe una energía invisible que nos conecta a todos los seres humanos: una bandada de aves marinas que se mueven al mismo ritmo y en la misma dirección. Aunque aparentemente estén todas desconectadas entre sí, está claro que están íntimamente conectadas.

Parte de la espiritualidad es entender que no somos seres aislados, sino que precisamente la esencia divina de nuestro interior está necesariamente ligada a otros seres humanos y a la naturaleza, en general. Entender esto, inmediatamente sacará de nuestra mente el "ellos" y el "nosotros", y desarrollaremos relaciones y conexiones de ganancia mutua.

Si bien Wayne Dyer habla de que nuestra búsqueda como individuos implica conocer una naturaleza superior que nos muestre el "yo espiritual", "nuestro mundo es un colectivo de seres individuales a los que su amorosa esencia divina insta a seguir la búsqueda espiritual individual y colectivamente".[6]

— Tu plan de acción —

EJERCICIO 1 PON A PRUEBA TU TOLERANCIA

- Estoy seguro de que tienes algún asunto del cual no te gusta hablar con algún amigo o colega de trabajo, porque tu forma de pensar es diferente a la de ellos. Tu reto reside en superar esa barrera. Escucha sus opiniones; no tienes que convencerte de lo que te diga, sino simplemente tienes que ser capaz de respetar. Acepta lo que te dice y entiende por qué piensa de esa manera en el asunto que los distancia.

EJERCICIO 2 PONTE EN LOS ZAPATOS DE OTRA PERSONA

- Seguro que hay algo que tus amigos, vecinos o compañeros hacen de manera habitual y que tú no soportas. Tu tarea será ponerte en su piel y llegar a entender la razón por la que tienen ese hábito. Siempre hay una causa. Ahora bien, ¿podrás tolerarlo?

Somos seres sociales, necesitamos el apoyo y reconocimiento de los demás.

Hasta ahora hemos estado hablando de hábitos o actitudes que nos acercan más a las personas que nos rodean. Y es que el ser humano es un ser social por naturaleza: necesitamos el apoyo y el reconocimiento de los demás. Es cierto que se trata de una necesidad más acentuada en unos que en otros. Como dice Sydeny Smith: "La vida es para ser fortalecida con muchas amistades. Amar y ser amado es el mayor gozo de la existencia".

Necesitamos esos lazos de convivencia que nos hagan sentir queridos. Yo mismo me he dado cuenta, con los años, que cuando hablamos de reconocimiento, valoro especialmente el de mis allegados, porque supone un éxito compartido.

Aunque suene manido, los pequeños detalles marcan la diferencia. Los gestos de gratitud fortalecen los lazos que nos unen a las personas. No se trata de hacer las cosas para recibir el reconocimiento, sino de hacer felices a los demás con un gesto espontáneo que alimente el espíritu. Ser agradecidos de manera incondicional es una cualidad que está directamente relacionada con el éxito personal en la vida. Decir gracias nos hace felices a nosotros y a quien recibe tan bella palabra.

g r a c i a s

① ② ③ ④ ⑤ ⑥ ⑦

Siete letras que se han convertido en algo tan común, que ya no es habitual. La cortesía y la amabilidad han dado paso a la dejadez. ¿Cuántas veces les has dado las gracias a tus vecinos o colegas de trabajo? No por un hecho en especial, sino por todo lo que te aportan cada día. Haz la cuenta y piensa en las veces que hoy mismo te han sujetado la puerta, te han dado las bolsas de la compra o te has tomado un café con ellos, y no has dicho algo tan sencillo como "gracias". Ésta es una de las palabras que más reconocimiento demuestra, ya que con ella reflejamos el valor y la gratitud por algo que han hecho por nosotros, sea grande o nimio.

¿Por qué es importante este tema? Mi mentor y amigo Deepak Chopra explica que la gratitud es una fuerza inmensamente poderosa que podemos usar para expandir nuestra felicidad, crear relaciones de amor e, incluso, mejorar nuestra salud.

La gratitud es una de las virtudes más hermosas del ser humano. No existe libro sagrado que no destaque su nobleza: la Biblia, el Corán y los textos judíos y budistas, por sólo mencionar algunos.

En nuestra búsqueda del bienestar, el éxito y la excelencia, la gratitud es una cualidad crucial para alcanzar felicidad, la alegría, y la energía. Nos aleja de las limitaciones o el miedo a crecer. Cuando apreciamos algo, nuestro ego se mueve fuera del camino y nos conecta con nuestro interior. La gratitud lleva nuestra atención en el presente, el lugar donde debemos encontrarnos.

Gracias a la inteligencia emocional tendremos el control de las reacciones ante situaciones y gestos de los demás. Dice el refrán: "Son muchos los temas que escapan a nuestro control en la vida, pero sí podemos controlar cómo reaccionamos ante las cosas".

Algunas reacciones ya son intrínsecas en nosotros. Modificar la conducta nos ayudará a seguir creciendo como personas; para ser agradecidos y valorar abiertamente a las personas sólo tenemos que cambiar de actitud:

1. Reconocer a los demás potencia nuestra conciencia positiva ante el mundo y beneficia tanto al que valora como al que es valorado.
2. Hacer felices a las personas es un don que se desarrolla gracias al poder de escuchar, la tolerancia y la confianza en nosotros mismos.
3. Sentirse valorado también supone una relación sana con la otra persona. Lejos de la envidia, comparte nuestra alegría, disfruta con nuestro éxito. Se convierte en un compañero de celebraciones por las victorias en nuestro camino.

Un estudio del Centro Nacional para la Información Biotecnológica de Estados Unidos explica lo que llaman la "espontánea transferencia del rasgo".[7] Se trata del hecho de que las cualidades con las que describimos a otros se acaban asociando a nosotros mismos. Es decir, si somos personas que habitualmente describimos de manera positiva a las personas, nos identificarán de la misma manera. Lo mismo es cierto para el caso contrario: si realizamos constantes críticas, se nos juzgará negativamente. Al fin y al cabo, queda claro que provocamos que el comportamiento tóxico o positivo se revierta hacia nosotros. Esto es muy similar al concepto del karma en el hinduismo, del que hablamos en capítulos anteriores.

Al potenciar la empatía desarrollamos la habilidad del apoyo. Ese sustento es necesario, especialmente en días cruciales. En esos momentos ansiamos apego emocional, que alguien nos comprenda y nos brinde la fortaleza necesaria para volver a levantarnos.

Para comprender a los demás, hace falta escucharlos. Trata de entender a los otros y podrás ayudarles siempre que lo necesiten. Ante todo, ten paciencia con los que necesitan ser escuchados. Puede que oigas la misma historia varias veces, pero eso forma parte de su restablecimiento emocional.

TAN BÁSICO COMO UN ABRAZO

¿Sabes que, físicamente, los abrazos suponen una necesidad? Investigadores de la Universidad de Carolina del Norte han descubierto que cuando nos abrazan, aumentan los niveles de la hormona oxitocina en la sangre.[8] Si hablamos de la respiración activa, el abrazo actúa como relajante al reducir el ritmo cardiaco y la presión arterial.

Es más, según un estudio de la Universidad de Duke, el cerebro de los bebés que no reciben contacto físico no se desarrolla suficientemente y es más pequeño. Además, la ausencia de acercamiento provoca la muerte de millones de neuronas cerebrales.

El apoyo nos hace mejores personas, de manera recíproca. Nos sentimos valorados por la otra persona y nos hace superarnos para dar una mejor versión de nosotros, gracias al soporte de nuestros seres queridos. Al mismo tiempo, si somos los que apoyamos, nos percibimos reconfortados por haber podido ayudar a una persona, especialmente si es querida. Precisamente en el Eclesiastés (4:9-10), uno de los libros del Antiguo Testamento, podemos leer: "Dos son mejores que uno; porque tienen una buena recompensa por su trabajo. Porque si caen, uno levantará a su compañero; pero qué desgracia para aquel que no tiene a otro que lo ayude a levantar".

Por cierto, un estudio de la Universidad de Pensilvania revela que tendemos a apreciar más a quien nos valora mejor. Establece que los sentimientos acerca de los amigos se basan principalmente en la forma en que éstos se sienten acerca de nosotros. Según los investigadores, los seres humanos ven a sus amigos como una protección. Somos seres celosos.[9]

— Tu plan de acción —

EJERCICIO 1 DEMUESTRA TU APOYO

- Ahora entiendes la importancia de valorar a la gente, por lo que de seguro has pensado en alguna persona, en especial, que lo necesita en estos momentos. Muéstrale tu apoyo y reconocimiento. Recuerda las técnicas del poder de escuchar y la importancia de tolerar las opiniones de los demás.

EJERCICIO 2 ESCRIBE UNA CARTA DE AGRADECIMIENTO

- Su destinatario será una persona que represente un apoyo fundamental en tu vida, pero a la que pocas veces le demuestres tu agradecimiento. Lo maravilloso del ejercicio es que ¡ganan los dos!

Si abrazas tu
potencial y pones a
raya tu saboteador
interno, crecerá
tu yo social.

Nuestros padres nos enseñan valores desde que nacemos, normas de conducta que marcarán nuestra actitud por el resto de la vida y afectarán nuestra manera de relacionarnos con los demás. Dichos valores se convierten en bienes en nuestro día a día. Adquirir valores positivos depende del cariño que nos transmite la familia para generar confianza en nuestro proceso de crecimiento.

Recientemente he descubierto la técnica canguro, que se utiliza con los recién nacidos y que consiste en colocar al bebé sobre el pecho de la madre para fortalecer los lazos entre ellos. Además, según los médicos, esta técnica beneficia la salud y el bienestar del bebé al aumentar su confianza y reducir los niveles de ansiedad.[10] Desde niños, detalles como éstos quedan marcados en nuestro futuro.

Asimismo es posible que al volvernos mayores reproduzcamos las relaciones sociales de nuestros padres. La forma en que ellos se relacionan será un modelo para nosotros, a pesar de que después influya nuestro carácter, más o menos extrovertido. Son los padres los que enseñan —a veces con el ejemplo— comportamientos como la empatía, el respeto, la confianza o la tolerancia. Especialmente si se ha crecido profesando una religión o cultivando la espiritualidad.

Estos valores se ven influenciados, especialmente a partir de la adolescencia, por nuestro contexto sociocultural. También intervienen en nuestras relaciones (y en nuestra vida) las propias actitudes personales. Esos valores son imprescindibles y se van desarrollando o variando a medida que pasan los años, dependiendo de nuestras experiencias y de las personas que vamos conociendo.

HACER AMIGOS

Podría decirse que buscamos en el interior de las personas cuando conocemos a alguien. Estamos deseosos de saber si es compatible con nuestra manera de ser y si es alguien en quien podemos confiar. Estas claves sólo las podremos desvelar a partir de sus valores.

Las conductas pesan en cada una de nuestras relaciones sociales desde el primer minuto. Desde ese instante, en algunos países se da la mano, en otros se dan dos besos y en otros ni siquiera se tolera el contacto físico.

Sin embargo, deberían reinar algunos valores básicos en cada uno de nosotros. Según el filósofo griego Aristóteles: "Algunos creen que para ser amigos basta con querer, como si para estar sano bastara con desear la salud".

Junto al respeto y al sentimiento de justicia, necesitamos ser ecuánimes y honestos. La confianza se sostiene sobre la sinceridad, un don que si falta, puede romper el fuerte vínculo que une a dos personas. Como afirma el escritor japonés Haruki Murakami: "La capacidad de creer plenamente en otro es uno de los valores más bellos del ser humano".

La solidaridad, apoyar a cualquiera que lo requiera, sin necesidad de que esto conlleve una amistad cercana, no es muy común hoy día. Es una pena que hayamos perdido la disposición para colaborar, especialmente escondidos tras la excusa de la falta de tiempo, cuando lo que escasea muchas veces es el corazón.

Nuestras relaciones con los demás también dependen de cuánto estemos alertas ante el "saboteador" que todos llevamos dentro. Probablemente ni sepas que existe, pero ahí está, dispuesto a paralizarte ante la menor duda. ¿Cómo lo reconocemos?

1. Siempre intentará convencerte de que dejes tus obligaciones para mañana.

2. No permitirá que sientas satisfacción, salvo que obtengas ahora mismo lo que necesitas.
3. Te llevará a los extremos: serás un vago o un perfeccionista.

Si permitimos que el "saboteador" se instale en nuestra vida, renunciaremos a cumplir nuestros sueños y arrasaremos con todo lo existente a nuestro alrededor, incluso con nuestros amigos.

El Nobel de Literatura George Bernard Shaw afirmaba: "Sólo triunfa en el mundo quien se levanta y busca las circunstancias, y las crea si no las encuentra".

— Tu plan de acción —

EJERCICIO 1 BUSCA EL TESORO QUE HAY EN TU INTERIOR

- El primer ejercicio será descubrir el tesoro que permanece oculto en nuestro interior, los valores que hemos aprendido a lo largo de los años. También hay que descubrir si existen aspectos negativos, para eliminarlos. Haz una lista con las conductas que creas cumplir y plantea un plan para potenciar cada una de ellas en tu día a día.

EJERCICIO 2 ÁBRETE A LAS CRÍTICAS

- El segundo ejercicio es más complicado porque tendrás que estar abierto a las críticas. Escoge a una persona de tu confianza, que te escuche bien, y enséñale tu lista de valores. Pregúntale si cree que son verdaderos. Escucha y tolera lo que te tiene que decir. Te aseguro que aprenderás mucho de su opinión.

Si te crees el más inteligente de tus amigos, es hora de que te expandas e incorpores a otros al círculo.

Me maravillo por lo que aprendo a diario. Una amiga, que tiene muy mala memoria, me dice que descubre el mundo cada día porque aprende algo nuevo. Los seres humanos tenemos la suerte de seguir desarrollando nuestro cerebro a lo largo de los años. La mayor batalla que libramos cada día es con nuestra mente.

La vida es un proceso constante de enseñanza. Eres el resultado de tu crecimiento como ser. Al día de hoy no serías nada si no fuera por lo que aprendiste en el jardín de infancia, en casa con tu familia y tras cada tropiezo en el camino. Esta capacidad de generar conocimiento es una de las grandes diferencias entre el ser humano y el resto de los animales.

Al contrario de lo que muchos creen, especialmente los de más avanzada edad, el cerebro es un músculo que no deja de fortalecerse si lo ejercitamos. Gracias a la neuroplasticidad el cerebro humano es capaz de crear nuevas células nerviosas.[11] Así, podemos engañar al cerebro y aprender o desaprender a través de la energía conectada a los pensamientos. Es decir, todo cambiará si afrontamos un problema con positivismo y decisión, porque con cada nueva experiencia el cerebro cambia.

El cerebro no envejece con la edad, sino con la falta de actividad. Gracias a la plasticidad neuronal "todo ser humano, si se lo propone, puede ser escultor de su propio cerebro", como decía el Nobel de Medicina Ramón y Cajal.

SED DE CONOCIMIENTO

El crecimiento intelectual nos permite planear nuevas maneras de hacer mejor las cosas. El proceso de aprendizaje debe ser constante a lo largo de los años. Todo comienza con la curiosidad. Esa actitud que nos hace acercarnos a un tema e investigarlo, para conocer cada uno de sus aspectos. ¿Sabes lo que te provoca? Te hace más tolerante. Cuanto más conozcamos del mundo que nos rodea, menos juzgaremos sin sentido.

Es una pena que en las escuelas no se enseña, en muchas ocasiones, el cómo del aprendizaje. El sistema educativo está planteado para que memoricemos respuestas, sin comprender cuál es su razón.

El conocimiento puede ayudarnos a alcanzar nuestros objetivos. Sin embargo, la sed de conocimiento puede convertirse en una de nuestras metas y crear un hábito en torno a ello. Esto conlleva una gran fuerza de voluntad, porque pocas cosas se aprenden de la noche a la mañana. Según Lois L. Kaufman: "Si planta una semilla de amistad, recogerá un ramo de felicidad".

Una gran fuente de conocimiento son los demás. Hasta el genio Albert Einstein aseguraba que "todos somos muy ignorantes. Lo que ocurre es que no todos ignoramos las mismas cosas".

¿Sabes cuál es la ventaja de ser un ignorante? Que tienes la oportunidad de aprender todo y de todos. Lo importante no es lo que sepas en estos momentos, sino que tienes ganas de aprender y ampliar tus límites.

La suerte de conocer a muchas personas es que cada una de ellas ya ha pasado por cientos de experiencias, igual que tú. Así se produce un aprendizaje recíproco de conductas. Para ello necesitamos tener la suficiente confianza como para mostrar una debilidad y admitir que otra persona sabe más que nosotros. En realidad, lo hacemos de manera inconsciente. Un estudio de la Universidad de St. Andrews, del Reino Unido, ha ahondado en el concepto del aprendizaje social, es decir, el que se produce mientras observamos a otras personas. Parece ser que está fuertemente relacionado con el desarrollo de la humanidad.

Observamos e imitamos a los que mejores resultados alcanzan en cada uno de los contextos. Este aprendizaje es consustancial a la sociedad.[12]

Imagina cuántos problemas y experiencias negativas podríamos haber llegado a evitar si hubiéramos escuchado a los que nos rodean. Pero el ego en muchas ocasiones nos domina:

1. Éste puede ser positivo, para animarnos a crecer y evitar que seamos apáticos.
2. Debemos tratar de no alcanzar el nivel tóxico del egocentrismo, creernos el centro del universo.
3. No confundamos el ego con la autoestima; la diferencia es la arrogancia llena de inseguridades. Una de las claves para evitar que nos domine es liberarnos de la necesidad de tener razón o ser superiores, porque siempre va a ser causa de conflictos.

Como afirmaba el canónigo agustino del siglo XV Tomás de Kempis: "Si te parece que sabes mucho y entiendes mucho, ten por cierto que es mucho más lo que ignoras". Está claro que el grado de aprendizaje concuerda con el nivel de interés que se ponga en aprender. Nadie más que nosotros saldrá beneficiado del proceso.

Tendemos a plantear la autosuficiencia siempre como una virtud. En parte lo es. Según la Real Academia Española, autosuficiencia es el "estado o condición de quien se basta a sí mismo".[13] La independencia es positiva en nuestra vida, sin embargo, como sucede con todo, si se lleva al extremo, se convierte en un defecto. Desde un principio quiero dejar claro que nadie es capaz de sobrevivir sin los demás. Así, el orgullo plantea una superioridad en conocimiento y habilidades que poco dejan ver más allá que una confianza plena de inseguridades. ¿Cuál es la solución? Reconocer que siempre necesitaremos la ayuda de los demás.

La sed de aprendizaje también está en el camino hacia el bienestar y la felicidad. La sabiduría nos ayuda a mantener la paz espiritual, siendo cautos ante las malas acciones que podemos llegar a cometer. Cuestionar los pasos más importantes de nuestra vida, meditarlos y tratar de aprender antes de tomar decisiones nos ayudará a ganar tiempo y a evitar situaciones negativas.

Si tenemos el control del cuerpo y la mente y nos convertimos en seres autoconscientes, podemos expandir la vitalidad y la salud. Con ellas de nuestro lado y a través del control de las emociones, seremos capaces de transformarnos en lo que queramos.

Por ejemplo, desde niña, la española Carmen Delgado era una apasionada del periodismo, pero todo quedó en un deseo frustrado. Cuando su marido falleció, decidió aprovechar esa nueva etapa de su vida para reinventarse. Se matriculó en la Universidad Complutense de Madrid y con 84 años es licenciada en periodismo. Ahora de lo único que se arrepiente Carmen es de no haber dado este paso antes. Nadie más que uno mismo puede definir qué es el éxito.

Verdaderamente, no hay nada tan enriquecedor e importante como el deseo de aprender.

— Tu plan de acción —

EJERCICIO 1 **¿QUÉ HAS APRENDIDO?**

- Ahonda en tu sed de sabiduría y busca los términos sobre los que hemos hablado en el libro hasta ahora y que no conocías.

EJERCICIO 2 **APRENDE ALGO NUEVO**

- Interésate en aprender algo de una de las personas que te rodean. Una canción o un baile, unas palabras en otro idioma o una historia familiar que nunca has llegado a terminar de escuchar por falta de interés.

Te aseguro que cualesquiera de estos nuevos conocimientos te completará de alguna manera, bien sea intelectual o emocionalmente.

Habla claro y
con prudencia y
todo el mundo te
respetará.

"La amistad duplica las alegrías y divide las angustias por la mitad", reza un adagio de sir Francis Bacon. Cuánta razón tenía este filósofo inglés. La amistad se genera cuando dos o más personas encuentran ciertos puntos en común y fortalecen los lazos que la cultura les ha creado. A partir de entonces crecen las experiencias y los años. Son pocas las amistades que duran toda una vida, pero todas son gratificantes.

Los valores que implican las relaciones sociales generan una confianza plena. Especialmente, debido a la comunicación inteligente, es decir, la comunicación sincera. Se trata de un término que se ha puesto muy de moda en el área de *marketing*, pero no significa otra cosa que ser conscientes de que lo que expresamos es, realmente, lo que queremos decir. Hay que tener en mente que las palabras expresan nuestros sentimientos y pensamientos.

La conversación se centra en el receptor, en cómo generar un mensaje directo y adecuado. Se trata, en todo momento, de una influencia positiva. Cuando alcanzamos a mantener un diálogo fuera de juicios y críticas negativas, hemos conseguido cimentar el pilar de nuestra amistad. Unas bases transparentes, porque la sinceridad es uno de los valores fundamentales en las relaciones personales. Engañar supone perder la confianza, un sentimiento difícil de superar. Por ello, la amistad es selectiva y puede romperse en cualquier momento.

Los amigos pueden suponer grandes cambios en nuestra vida. A pesar de que las decisiones finales las tomamos nosotros, estamos condicionados por sus opiniones y valoraciones. No es extraño entonces que queramos mantener la necesidad de confianza plena. Es la única forma de mantener la amistad dual, bidireccional. La confidencia y ayuda es mutua.

Como reza una frase popular: "La verdadera amistad es desinteresada, transparente y sincera".

Esta transparencia se mantiene a través del respeto y de valorar los intereses y necesidades del otro. Nos hace ser mejores personas porque nos esforzamos por mantener esta situación. Esto sólo lo hacemos con las personas que valen la pena, las que queremos que sigan a nuestro lado, a pesar de todo, sobreviviendo a los posibles errores.

EL VALOR DEL PERDÓN

"La amistad no puede ir muy lejos cuando ni unos ni otros están dispuestos a perdonarse los pequeños defectos", nos recuerda Jean de la Bruyère. Perdonar nunca es sencillo, menos cuando el grado de dolor o traición es alto. Sin embargo, hay que recordar que todos somos imperfectos.

Un estudio de la Universidad de Granada, en España, ha analizado el perdón en las relaciones de amistad.[14] En su mayoría están enfocadas hacia las mentiras, el desprecio y la traición de su confianza.

Los errores forman parte de la amistad, son esenciales en el crecimiento de la relación. Lo importante es la capacidad de pedir perdón y de perdonar, ambas acciones son igual de complicadas. En ocasiones, retornar adonde la amistad había quedado implica tiempo y trabajo de las personas involucradas.

El respeto también conlleva sinceridad. Un amigo te hace reír y llorar. A veces, una cruda sinceridad que nos duele, pero que, como dicen las madres, "quien te quiere, te hará llorar". Sólo las personas que muestran un aprecio por ti serán capaces de ser verdaderamente sinceras para decirte, con cortesía, lo que debes escuchar.

La sinceridad implica lealtad por ambas partes. Un amigo que revela las confidencias o las conversaciones, especialmente por interés, es una persona deshonesta. La lealtad conlleva mantener el compromiso tomado, a pesar del cambio en las circunstancias. Una persona no sobrevive sola, un amigo te ayuda a sobrellevar los obstáculos de la vida.

Por cierto, los amigos son también un calmante, no sólo del alma. Te ayudan a tolerar mejor el dolor. La Universidad de Oxford ha realizado un estudio que asegura que las personas con un círculo grande de amigos son más capaces de tolerar el dolor.[15] Parece ser que las endorfinas se convierten en potentes elementos que eliminan la dolencia producida por el cuerpo, además de desencadenar una sensación de bienestar.

— Tu plan de acción —

EJERCICIO 1 ANALIZA TU AMISTAD

- Mantén un encuentro con tu amigo o amiga de mayor confianza. Analicen su amistad y definan si es transparente. Además, valórense uno a otro y explíquense, a través de la comunicación inteligente, los momentos en los que no se han sentido respetados y en los que sí han demostrado confianza.

EJERCICIO 2 CUIDA A TUS AMIGOS

- Ten un detalle, valora su amistad, cuídalo. Planea una tarde de encuentro en la que, entre otras actividades que sean importantes, tengan un espacio de tiempo para jugar a las preguntas. De tal manera que durante ese tiempo puedan preguntarse cualquier tipo de curiosidad y tengan que responder de manera sincera. Tendrán que demostrar la confianza y el respeto para no desvelar ningún secreto.

La semilla de una
gran amistad
está en saber
escuchar
genuinamente
al otro.

Escuchar es uno de mis verbos favoritos, porque me ha ayudado a ser quien soy, a disfrutar de mi trabajo, a aprender de cada una de las miles de personas que conozco cada día. Elegí el título de mi primer libro, *El poder de escuchar,* porque tengo claro que es una de las capacidades más importantes. Oír es un acto inconsciente, escuchar es deliberado.

La escucha consciente implica tener activos todos los sentidos, atender más allá de los sonidos, comprender cada una de las señales que cruzan en una conversación. Escuchar potencia nuestras habilidades y descubre otras que creíamos inexistentes. Oír es un acto inconsciente, escuchar es deliberado.

Cuando oímos es porque no tenemos motivación sobre lo que nos están intentando contar. Escuchar mantiene nuestra atención, estamos interesados en conocer qué nos tienen que decir. Escuchar da un auténtico sentido a lo que oímos.

Imagínate que tienes un mal día y estás deseando hablar con tu mejor amigo. Cuando te dispones a ello, notas cómo se dedica a mirar el celular. No reacciona ante tus palabras, no valora ni te propone una solución a tu problema. Incluso te interrumpe para cerrar rápidamente tu parte de la conversación y pasar así a sus asuntos de interés. ¡Qué horror de conversación! Decididamente, esta persona ni está hablando contigo ni tiene interés alguno por escucharte. Demuestra que no le importas, que no hay confianza y no te va a apoyar en la situación que estás sufriendo. Si quieres ser un buen amigo, aprende a escuchar; pero no sólo en el ámbito de la amistad ya establecida, sino para conocer gente. ¡Nunca sabes quién se te va a cruzar por el camino!

La habilidad de escuchar correctamente es fundamental para influir en otros. ¿Por qué?

- Muestra respeto.
- Favorece las relaciones sociales.
- Genera ideas.
- Fortalece la lealtad.

Escuchar ayuda a comprender a las personas, y este hábito se convierte en un compromiso permanente. Cuando transmites esa confianza a las personas que te rodean, actuarán con más positividad ante las diferentes situaciones de la vida. Y si no es así, siempre estarás tú para motivarlas.

Saber escuchar es una habilidad necesaria para alcanzar la plenitud en cada una de nuestras relaciones, bien sea con tu amigo de toda la vida o con la persona que acabas de conocer. Saber las necesidades de los demás es clave para poder comprenderlos. De esta manera podremos tener un efecto positivo en su vida.

ESCUCHAR DE MANERA CORRECTA

La escucha sincera implica intencionalidad. ¿Quién no ha repasado la lista de la compra mientras hablaba con alguien, sin interés? En cambio, mostrar que verdaderamente hay atención en la conversación nos ayuda a dar el primer paso para construir lazos de confianza y comunicación. Otorga credibilidad.

Saber escuchar no es un don, es una habilidad. Y una que necesita gran esfuerzo. Yo he tardado años en aprender a dominarla, y aún sigo aprendiendo. Es mucho más complicado que hablar.

Para escuchar de manera correcta hay que atender la totalidad del mensaje. Ser receptivo al diálogo. El interés es fundamental. Concentrarnos en los demás es lo único que puede ayudarnos a ser mejores en nuestras relaciones. Escuchar es una habilidad que se debe convertir en una filosofía de vida. Escuchar está directamente relacionado con aprender y con mejorar nuestras relaciones sociales.

Si eres la persona que habla y deseas que tu interlocutor sea un escucha sincero, comprende lo que conlleva. No sólo obtendrás de la otra persona un gesto afirmativo con la cabeza, como muestra de que te está escuchando, sino que opinará. Y no tiene por qué estar de acuerdo contigo. Ya sabes lo que tienes que hacer: ¡tolerar!

Evita interrumpir, pues demuestra falta de interés. Estarías más centrado en la oportunidad de hablar y decir lo que piensas, que en escuchar de verdad a la otra persona. Es cierto que no es por falta de educación, es por confianza. Nos impacientamos por llevar el hilo conductor, no controlamos nuestras emociones. ¡Respiración activa! Aprende a hablar cuando sea tu turno. No sólo por cortesía, sino por demostrar tu poder de escuchar.

Por cierto, poca gente destaca la importancia del silencio. Una falta de sonido total. Pocas veces lo utilizamos, por miedo a que la ausencia de palabras pueda malinterpretarse como desinterés o desconexión. Como afirma Benjamin Disraeli: "Hay personas silenciosas que son mucho más interesantes que los mejores oradores".

Algunos tips para aprender a escuchar:

- Habla menos y ¡escucha más!
- Atiende y no desvíes los pensamientos.
- Sé comprensivo y empático.
- Escucha total: emoción, lógica y entorno.

— Tu plan de acción —

EJERCICIO 1 ESCUCHAR ACTIVAMENTE

- Ahora que conoces la escucha activa, tu reto es convertirla en un hábito, en algo cotidiano. Puedes comenzar a la hora de la cena preguntándole a tu familia o amigos qué les ha sucedido durante el día. Fíjate en sus expresiones, silencios y palabras.
- Durante esta reunión de amigos o familia, coméntales lo que has aprendido en esta lectura. Como no hay mejor aprendizaje que los ejemplos, cada uno tendrá que contar un instante en el que tuvo problemas para ser un buen escucha y sus consecuencias.

Intenta primero
entender a los
demás, antes
de preocuparte
de que te
entiendan.

La generosidad reside en el cerebro. Sé que puede sonar extraño, pero es cierto. Un estudio realizado en la Universidad de Pensilvania reveló que lo que nos hace ser más solidarios o generosos se debe a una zona en el extremo anterior del lóbulo temporal del cerebro.[16]

Normalmente asociamos la generosidad con el dinero, sin embargo su valor también se mide según otros aspectos que compartimos con los demás: tiempo, habilidades, paciencia, bienes, etcétera; es decir, básicamente con cualquier cosa que se pueda ceder y beneficie a la otra persona.

Según Marcel Jouhandeau: "Como no tenemos nada más precioso que el tiempo, no hay mayor generosidad que perderlo sin tenerlo en cuenta". Una actitud que emana de nuestro corazón y despierta en nosotros la necesidad de compartir nuestra abundancia espiritual con los demás. Es un acto intenso de amor.

Ser generoso implica pensar en los demás, actuar hacia afuera, alejarnos del yo. Es uno de los valores más importantes de la amistad. Insisto, no en materia económica. Para ser un buen amigo no tienes que ceder todo tu dinero. Sin embargo, sí implica volcar tu tiempo en ayudar al prójimo, derrochar esfuerzo en dar consuelo o solución al problema que surja.

En muchas ocasiones me he repetido que los amigos se cuentan con los dedos de una mano. Son pocos los que van a estar a tu lado ante cualquier imprevisto. La generosidad es un ejemplo de ello. La amistad se fortalece cuando sobrevivimos a épocas de preocupaciones, cuando un apoyo resultó vital. La esencia de la amistad reside en este tipo de actitudes.

> **El generoso de verdad tiene el deseo de dar, no lo hace por impresionar o ganarse el respeto de las personas. Es desinteresado en sus actuaciones porque sabe que hará mucho más sencilla la vida de los demás.**

Por ejemplo, haciendo a alguien sonreír. Elogiar en un momento dado a una persona o mostrar cariño al que lo está deseando también son formas de generosidad.

Sorprendentemente, ejercer la solidaridad requiere un gran esfuerzo por nuestra parte. A pesar de poder estar plenos en nuestra vida, nos cuesta gastar una hora de nuestro día para escuchar la ruptura de nuestro amigo o el despido de nuestra amiga. Sentimos que perdemos el tiempo. Priorizamos nuestra comodidad y riqueza personal al bienestar del que nos rodea o, peor, de la persona a la que queremos.

Por ello, el límite del altruismo lo imponemos cada uno de nosotros. Un proverbio árabe reza que "la generosidad consiste en dar antes de que se nos pida".

DAR SIN ESPERAR NADA A CAMBIO

Tampoco debemos olvidarnos de ser generosos con nosotros

mismos. Recuerda que la relación con nuestro interior será la que quede reflejada en el exterior. La generosidad también implica ser conscientes de lo que tenemos, y agradecerlo. Dar las gracias cada día por lo que tenemos te orienta la mente en positivo y en acción de gratitud para el resto de la jornada. Hay que estar agradecidos por tener a nuestro alrededor gente que nos quiere, por la naturaleza que nos da alimento y por las bendiciones que nos regala la vida. Para dar las gracias, no desechemos ni un solo segundo y así transformaremos nuestro día.

Uno de los grandes errores que cometemos cuando somos generosos es que al dar esperamos recibir alguna recompensa a cambio. No tiene por qué ser algo material, pero sí una valoración, especialmente a nivel público. Una persona generosa ayuda a los demás de manera desinteresada, no necesita recibir la gloria por hacerlo.

Sin embargo, sí recibimos un gran premio: la felicidad. Investigadores de la Universidad de Sewanee, en Estados Unidos, aseguran que cuando somos generosos se incrementan las emociones positivas y mejora nuestro estado de ánimo.[17]

Esto lo habrás notado tú mismo. No hay mayor satisfacción que realizar un regalo y notar la sonrisa que le produce a la otra persona el detalle. Ese preciso instante crea en nosotros plena abundancia. Según Aristóteles: "De todas las variedades de virtud, la generosidad es la más estimada".

Cuando vivimos exclusivamente pendientes de nuestros deseos, rompemos los lazos sociales. Dejamos de ser personas dignas de confianza. Y ¿sabes lo mejor de todo? Que la generosidad llega a ser contagiosa. Así lo ha revelado un informe de la Universidad de California Riverside, en el que se explica que las personas dadivosas mejoran su calidad de vida al disminuir su irritabilidad y mejorar su calidad de sueño.[18]

Vivir con la disposición de entrega hacia los demás nos ayuda a crecer como personas y a darnos cuenta de lo útiles que llegamos a ser.

— Tu plan de acción —

EJERCICIO 1 **CONÉCTATE CON UN AMIGO**

- Invierte parte de tu tiempo en alguno de tus amigos que lo merezca. No tiene por qué necesitarlo, simplemente es una manera de mostrarle tu interés y valorar su amistad. En ese tiempo debes estar atento a ver cómo la otra persona se abre a ti y se crea esa conexión basada en la confianza.

EJERCICIO 2 **EXPANDE TU GENEROSIDAD**

- Repasa tu ropa, zapatos, da una vuelta a la casa. Estamos agobiados de bienes materiales a nuestro alrededor. Cosas, incluso, que no necesitamos. Es un buen momento para reflexionar sobre lo que debemos mantener y qué podemos donar a las personas que verdaderamente lo necesitan. También puedes hacer voluntariado. Cualquier tipo, siempre que repercuta en el bienestar de otra persona. Expande tu generosidad.

Finanzas personales

6

Bienaventurados los que consiguen fortuna económica a través del trabajo honrado.

No hay nada más gratificante que construir desde el amor. Una de las maneras de hacerlo es trabajar en aquello que te hace feliz y actuar éticamente. Al realizar el trabajo que te haga feliz, debes ser responsable contigo mismo y con los demás. La prosperidad debe ir acompañada de felicidad para que sea completa.

Es fácil ver la relación que hay entre responsabilidad y dinero, pero ¿qué tiene que ver el amor con las finanzas personales? En este libro hemos hablado de la importancia del amor en la vida de las personas. Ya sabrás que actuar desde el amor garantiza beneficios. Tienes libertad de escoger lo que más te conviene: ¡selecciona el amor!

"Haz lo que amas y el dinero llegará", dice la escritora Marsha Sinetar. Amar tu trabajo y realizarlo honradamente lo hace digno, independientemente de cuál sea tu cargo o función. ¡Todo trabajo que desempeñas con pasión y rectitud te enaltece y es demostración de tu dignidad!

Hagas lo que hagas para ganar dinero, que siempre sea desde el amor y el compromiso contigo mismo. Tendrás beneficios y bendiciones para ti y los que te rodean, así como mayores oportunidades de conseguir bienes materiales. Trabajar honradamente es ser congruente con la esencia de armonía y equilibrio interior; es una manera de expresar tu luz interior.

CREER Y CREAR OPORTUNIDADES

En mi conferencia "Creer, crear, crecer", que he impartido en varias ciudades de Estados Unidos y América Latina, enfatizo la importancia de incorporar creencias poderosas para aprovechar oportunidades. Pero suele aparecer la creencia de que no podré hacer suficiente dinero con trabajo honrado y que, si se puede, será un proceso lento y no podré disfrutarlo durante mi vida.

¿Qué es suficiente dinero para ti? ¿Vale la pena hacer dinero rápido y acumular una gran fortuna, sacrificando tu integridad y actuando contra tu bienestar y el de los demás? ¡Creo que la respuesta no podría ser más clara!

Ganar dinero poniendo en juego la dignidad, la reputación y los valores es un problema que repercutirá en toda tu vida. Pero alcanzar la fortuna material que deseas por medio de trabajo honrado, voluntad, entrega y amor es todo, menos un problema. ¡El dinero conseguido con amor y paciencia es el que más satisfacción traerá!

CUIDA DE LO QUE GANAS

Sin importar la cantidad de dinero que ganes como resultado del trabajo honrado, seas empleado, emprendedor o empresario, es muy importante aprender a distribuirlo para sacarle el máximo provecho.

Varios expertos en finanzas personales recomiendan distribuir los ingresos de la siguiente manera, para mantener una vida financiera estable pero, sobre todo, tranquila:

1. Entre 40 y 60% de los ingresos debe estar destinado a obligaciones y gastos fijos. Por ejemplo, compra o renta de vivienda, mercado, seguro médico, productos financieros, transporte y educación propia o de tus hijos.
2. Del 10 a 30% a los ahorros y metas personales. Entre éstos están las inversiones que estés realizando, ahorros programados y todo aquello que te permita planear un mejor futuro.
3. Los gastos flexibles corresponden al 20 o 30%: entretenimiento, ropa, regalos y otras compras.

El escenario ideal consiste en destinar 50% para obligaciones, 20% para ahorro y 30% para gastos flexibles.[1] No se trata de cumplir esto al pie de la letra, sino que lo ajustes lo más que puedas a tus condiciones y al momento de vida actual.

Eso te ayudará a ser eficiente en el empleo de los recursos económicos. Sin embargo, recuerda que el dinero no es el único recurso para conseguir fortuna económica, sino también el tiempo y la energía.

Si distribuyes el dinero según las recomendaciones anteriores, dejarás de estar en modo de supervivencia y pasarás a tener una vida llena de satisfacción y sueños. Es una manera sabia de equilibrar fuerza, armonía y crecimiento personal y profesional con tu cuenta bancaria.

LAS IDEAS ABUNDAN

Al finalizar mis conferencias, algunas personas se me acercan para decirme que su trabajo no las hace felices y tienen alguna idea para emprender. Sin embargo no la ejecutan porque piensan que ya todo está hecho, o porque se preocupan por la manutención de sus familias si se animan a emprender. Vamos parte por parte.

A lo de que "ya todo está hecho", suelo responder que es totalmente cierto; pero la gran diferencia es que, aunque otros lo han hecho, no lo has hecho tú. ¡Gran diferencia!

¿Qué tal si Steve Jobs hubiera pensado que ya todo estaba inventado cuando empezaron a aparecer las computadoras personales de la competencia? ¡Nos hubiéramos perdido su genialidad y su legado! Él se arriesgó, como muchos otros grandes innovadores de nuestro tiempo.

La vida de Jobs es un gran ejemplo para resaltar cómo una idea llevada a la acción se convierte en innovación. No nació en una familia adinerada. Aun así, se convirtió en empresario innovador reconocido internacionalmente. Sus invenciones facilitan la vida de hoy, generando miles de empleos alrededor del mundo. Fue posible gracias a que se arriesgó a ejecutar una idea.

Ahora imagina el caso contrario: una persona nacida en una familia adinerada, con una gran idea, pero que nunca pasa a la acción. En este caso, de nada sirve el dinero.

> **Llevar una idea a la acción requiere pasión, perseverancia, paciencia y amor, ingredientes fundamentales para atraer la fortuna económica a tu vida.**

Los grandes innovadores y empresarios de nuestra época se caracterizan por estar dotados de iniciativa y medir los riesgos que toman. Una parte importante es justamente evaluar las implicaciones económicas de poner una idea en acción.

EVALÚA EL RIESGO

Al hablar de riesgo, no te concentres en el peligro de perderlo todo, porque las cosas no salieron como querías. Por el contrario, el riesgo tiene que ver tanto con las posibilidades de perder como con las de ganar. Para aprender a evaluar los riesgos, te recomiendo:

1. Haz el cálculo de cuánto dinero necesitas para poner la idea a rodar.
2. ¿Tienes los recursos como parte de tus ahorros? De no ser así, ¿podrías empezar a sacarlo de tus ingresos actuales?
3. ¿Necesitas conseguir más recursos? Si es necesario, evalúa la opción de pedir un préstamo a alguien conocido o al banco. En este caso, no olvides tener en cuenta los intereses y el tiempo en el que debes devolver el dinero.
4. Proyecta tu idea en el tiempo, teniendo en cuenta las expectativas de ventas e ingresos. Considera, también, los gastos que implica cada mes, para que se sostenga en el tiempo.
5. Revisa en cuánto tiempo podrás retornar la inversión. Si lo puedes hacer en el primer año, estás listo para recibir ganancias. No te preocupes si tarda un poco más. Si para devolver la inversión necesitas más de dos años, evalúa si estás listo para arriesgarte.

¡Prepárate para pasar a la acción! Sobran ejemplos de personas con grandes fortunas económicas y éxitos. Lo lograron a diferentes ritmos y bajo diversas condiciones. Valorar y proteger cada cosa que consiguen es lo importante. Lo hicieron paso a paso para medir de la mejor manera el acercarse a sus sueños.

— Tu plan de trabajo —

EJERCICIO 1 ¿CÓMO DISTRIBUYES EL DINERO?

Examina qué tal lo estás haciendo hasta ahora, teniendo en cuenta las recomendaciones de los expertos. Toma papel, lápiz y calculadora y responde:

1. ¿Qué obligaciones y gastos fijos tienes al mes? ¿Cuál es el porcentaje de los ingresos que destinas a esto?
2. ¿Ahorras para tus metas personales? De ser así, ¿qué porcentaje reservas?
3. ¿Cuáles son tus gastos flexibles al mes? Haz un promedio y verifica el porcentaje que usas para ellos.
4. ¿Cómo estás frente a las recomendaciones de los expertos? Recuerda que lo ideal es destinar 50% para obligaciones, 20% para ahorro y 30% para gastos flexibles.
5. ¿Qué podrías hacer con la distribución del dinero para mejorar tu calidad de vida?

EJERCICIO 2 LLUVIA DE IDEAS

Dedica un momento para ti solo en un lugar tranquilo e inspirador y anota todas las ideas que vengan a tu mente. ¡Anota todo!

Al final, clasifícalas según sean realistas, retadoras y te apasionen. ¿Qué encuentras? Ahora es tiempo de pasar a la acción. ¿Cómo vas a empezar a hacerlo?

La abundancia
comienza desde
la certeza
interna del
bienestar.

Conseguimos bienes materiales para subsistir y, constantemente, nos preocupamos porque no llegan como deseamos ni cuando queremos. Dejamos de lado la importancia de poner la intención de que así sea, desde nuestro interior. Las cosas no llegan por arte de magia, requieren de otros ingredientes porque, como dice el juez estadounidense William Fletcher, "la riqueza fluye de la energía y de las ideas".

LA ABUNDANCIA DEL UNIVERSO

Probablemente pienses: ¿Qué tiene que ver el universo con tu cuenta bancaria? Déjame decirte que no puede haber relación más estrecha. El universo es abundante, infinito y está siempre dispuesto a compartir todo contigo. Necesitas estar dispuesto a recibir y abrazar la idea de que una fuente ilimitada de abundancia espera por ti.

¿Recuerdas la ley de la atracción? Habla de enfocar la intención en lo que deseas para atraerlo y experimentarlo. Para que la abundancia entre en tu vida, enfócate en ella, confía en que así será y trabaja para obtenerla. Esto se aplica tanto para la abundancia espiritual como para la material.

Según la Real Academia Española, abundancia es "prosperidad, riqueza o bienestar". ¿Estás preparado para recibirla? Porque, aunque el universo es abundante, ten en cuenta que su fuente real son los pensamientos, intenciones y expectativas.

RECIBES LO QUE MERECES

Hay otro concepto que ayudará a atraer bienestar económico a tu vida. El merecimiento, según Alberto Luis González, psicólogo empresarial, es una "concepción interna que define qué es aquello a lo que yo tengo derecho en la vida".[2] Es decir que, dependiendo de lo que creas merecer, enfocas las intenciones y expectativas hacia una meta específica.

Si no crees ser merecedor de abundancia económica, ¿cómo te la va a entregar el universo? Empieza por convencerte de que la mereces, por actuar desde el amor y porque tu trabajo y acciones diarias son el reflejo de tu esencia.

Convéncete de esto, porque recibes lo que mereces. Y tu vida, y la de los que te rodean, se merece dicha, abundancia, bienestar y fortuna económica. Tener la convicción del merecimiento hace que vibres con la energía del universo, traducida en abundancia.

No sólo debes recibirla, sino que agradece y celebra a diario la abundancia en tu vida. La gratitud le indica al universo que la abundancia está siendo bienvenida en tu vida. Y la celebración te recuerda que disfrutas de la generosidad del universo. ¡Aprende a ver que hay abundancia en todo! La abundancia material se inicia por la abundancia espiritual.

VISUALIZACIÓN Y ATRACCIÓN

Una vez que estás listo espiritualmente para recibir la abundancia material, visualízala como una realidad. Es un gran recurso para hacer que las intenciones se manifiesten en tu vida.

Cada vez que te visualices en medio de abundancia y merecimiento, trata de hacerlo de manera específica. ¿Qué tal si dejas volar la imaginación y te ves viviendo la vida que mereces y deseas? Por ejemplo, crea en la mente, de la manera más detallada posible, una imagen tuya feliz, disfrutando de beneficios materiales. Empieza a establecer la intención de abundancia material en tu vida.

El empresario y autor estadounidense Jim Rohn sostiene que "el dinero normalmente se atrae, no se persigue". ¡Qué sabias palabras! Si andas con el afán de buscar dinero, sin duda lo conseguirás, pero será difícil que logres acumularlo y hacer algo beneficioso con él. Por el contrario, si confías en que mereces abundancia en tu vida y te preparas para recibirla, serás un imán para la fortuna económica.

Los pensamientos, emociones, creencias y acciones deben girar alrededor de la abundancia para crear esa realidad. Las decisiones personales expresadas en sentencias cortas y las meditaciones son acciones muy útiles para lograrlo.

PEDIR Y ACEPTAR

Sabes lo importante que es estar dispuesto a recibir, para aceptar lo que la abundancia tiene para ti. Ahora sólo tienes que pedir y aceptar, porque ésta se inicia con una idea, le sigue una intención y concluye con una expectativa. Finalmente, llegará a ti la sensación de satisfacción y tranquilidad, porque sabes que puedes ser, hacer y conseguir lo que deseas.

En *Las siete leyes espirituales del éxito*, Deepak Chopra nos recuerda que somos naturalmente prósperos y abundantes: "Debemos saber que ya somos intrínsecamente ricos, independientemente de cuánto dinero tengamos", porque la fuente de la riqueza está en nuestro potencial.[3]

La paciencia es la base necesaria para construir una fortuna económica. Muchas veces nos desesperamos porque las cosas no salen como queremos o porque no suceden a la velocidad deseada. Si en este momento no tienes los bienes materiales con que sueñas, aun cuando estás dispuesto a recibir abundancia, no te desesperes.

> **Aunque en ocasiones pareciera que la abundancia no existe, sí es verdadera. Existe aun cuando no la experimentas en un momento determinado. Debes ser paciente para recibir y, mientras tanto, fíjate en lo que te rodea. El universo deja evidencias a diario de que así es.**

La abundancia deja bendiciones: tener una familia, poseer inteligencia, contar con la capacidad de ser sociables, disfrutar de la naturaleza... Estos dones son muestras de la abundancia y del potencial del ser humano y del universo. ¿Aún no lo ves? Revisa lo afortunado que eres a diario y agradece por ello.

APROVECHA LA ABUNDANCIA

Hay momentos más abundantes que otros, pero nunca hay ausencia de abundancia si aprendes a apreciarla. Es importante que le saques el máximo provecho para construir tu fortuna económica. Para aprovechar mejor estos momentos de gran abundancia, te recomiendo:

- PAGAR DEUDAS. Los expertos recomiendan pagar primero las obligaciones. Si puedes pagar por adelantado, hazlo. Cada vez destinarás menos porcentaje de los ingresos a este rubro y, además, evitarás posibles intereses.
- AHORRAR. Es el momento perfecto para iniciar un ahorro programado o para dedicarle un mayor porcentaje de los ingresos. Para que el ahorro sea exitoso, hazlo con un objetivo en mente.
- INVERTIR. Evalúa posibles inversiones. Asesórate bien y analiza el riesgo. Si te conviene, ¡adelante!

— Tu plan de trabajo —

EJERCICIO 1 INHALA ABUNDANCIA, EXHALA CARENCIA

Como la abundancia empieza desde el interior, te invito a hacer esta meditación como parte de este proceso:

1. Busca una posición cómoda y coloca las palmas con la mano hacia arriba, sobre el regazo. Cierra los ojos.
2. Inhala y exhala profunda y suavemente, hasta que encuentres quietud. Libérate de otros pensamientos.

3. Disfruta la paz y la tranquilidad en la que te encuentras.
4. Repite mentalmente: "Hoy yo acepto toda la abundancia que me rodea. La disfruto y me permite construir fortuna económica". Repítelo durante varios minutos, cada vez con mayor convicción.
5. Deja de repetir la sentencia del paso 4 y vuelve la conciencia hacia el cuerpo.
6. Inhala y exhala lenta y profundamente hasta que estés preparado para abrir los ojos.

Realiza el reto de meditación "Creando Abundancia", disponible en IsmaelCala.com.

EJERCICIO 2 VISUALIZA LA FORTUNA ECONÓMICA

Una vez más, usaremos la magia de visualizar. Concéntrate en los bienes materiales. Imagina cómo deseas que sea tu vida a nivel material. ¿Un automóvil, una casa, estudiar, ropa, accesorios, tecnología...? Sé lo más específico posible y anótalo.

Ahora crea un mapa de visualización. Busca imágenes en revistas y periódicos de estilo de vida u otros medios para ilustrar lo que anotaste. Pégalas en una hoja, distribuyéndolas como quieras. Colócalas en un lugar visible a manera de recordatorio de esta visualización.

Visualizar es dar el primer paso para recibir. ¡Ahora, a trabajar por ello!

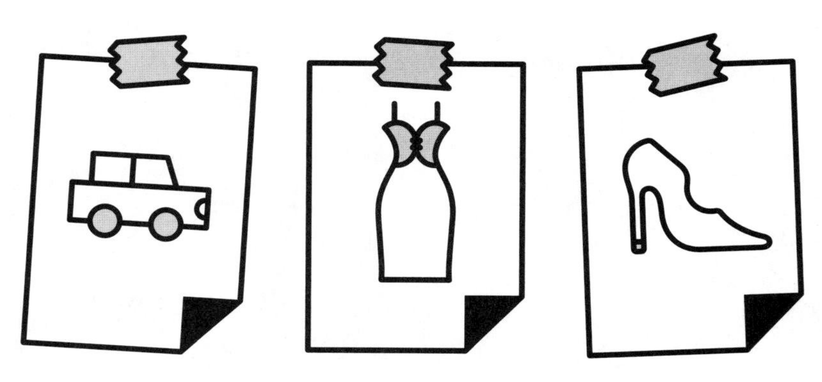

Las circunstancias
pueden limitar el
presente, pero
tus sueños pueden
transformarlo y crear
un futuro mejor.

El potencial de los sueños es infinito. Hay quienes no dan importancia a los sueños y suscriben el conocido verso de Pedro Calderón de la Barca: "y los sueños, sueños son". No concuerdo con esa idea. Los sueños son impulso, motivación y magia en la vida. Son el motor del presente y el futuro.

¿Qué sería de la vida sin los sueños? ¡Nada se habría hecho en el mundo! Los sueños originan las ideas, son el motor del ser humano. Es el caso de Martin Luther King, Premio Nobel de la Paz, quien pronunció durante una manifestación por los derechos civiles uno de sus discursos más famosos llamado "Tengo un sueño": la historia de Estados Unidos cambió por el impulso de ese sueño.

Te invito a que sueñes, dejando de lado dudas y miedos. Deja que los sueños sean el motor del presente para construir el futuro que deseas y mereces. Soñar no es dejar de vivir el presente, sino todo lo contrario. Soñar nos motiva a actuar de maneras específicas en el presente para poder vivir en abundancia y plenitud más adelante.

Mi infancia transcurrió en medio de dificultades económicas. Hubiera sido muy fácil cruzarme de brazos y dejar que se repitiera esa historia de aprietos financieros, pero los sueños fueron más grandes. Gracias a Dios, logré superar estas circunstancias para ir construyendo lo que quiero para mi vida.

Lo que trato de decir es que no tienes por qué someterte a los vaivenes de tus condiciones. Sé bien que hay muchos momentos difíciles, pero de nada sirve quejarse y no sobreponerse. La mejor manera de superar esos periodos es soñando... y actuando.

¿Cómo es la fortuna económica con la que sueñas? ¿Qué haces hoy para hacer realidad tu sueño en el futuro? No importan las circunstancias actuales, nunca dejes los sueños a un lado.

SUEÑOS Y METAS

Si bien soñar produce felicidad y abre posibilidades, debemos evaluar qué tan realistas, concretos y retadores estamos siendo para convertir el sueño en meta. No digo que no puedas soñar con algo que ahora mismo no está a tu alcance. Por el contrario, entre más te retes, más tendrás que salir de tu "zona de confort". Ésa es la forma de encontrar la felicidad, la plenitud y el bienestar.

El método SMARTER, propuesto por Crearte Coaching, en España, nació como la evolución del SMART (por sus siglas en inglés), usado en coaching. Es un acrónimo; lo explico a continuación para que lo puedas utilizar para transformar los sueños en metas.

1. S (de *specific*). ¿Qué tan específico es el sueño? Cuanto más concreto sea, mayores probabilidades de alcanzarlo. No es lo mismo decir "quiero tener mucho dinero", que "quiero tener un millón de dólares".
2. M (de *measurable*). Una vez que alcances tu sueño, ¿puedes medirlo? Tenlo en cuenta para comprobar si has hecho realidad tu sueño y cómo ha sido el progreso.
3. A (de *ambitious*). ¿Es ambicioso y retador? ¡Nada mejor que una meta que te haga salir de la "zona de confort"!
4. R (de *realistic*). ¿Qué tan realista es el sueño? Evalúalo para que no acabes desmotivándote, porque los sueños y metas deben empujar hacia adelante, no obstaculizarte.
5. T (de *timed*). ¿Para cuándo planeas que el sueño se haga realidad? Ponerle plazos ayuda a romper aquello de que "los sueños, sueños son".
6. E (de *ecological*). ¿Cómo impacta el sueño a los que te rodean? Recuerda que la responsabilidad es con nosotros mismos y con los demás. El beneficio debe ser compartido.
7. R (de *rewarding*) ¿Qué recompensa recibes? Evidentemente, la mejor será la satisfacción de haberlo logrado.[4]

> **Procura convertir los sueños en metas, porque, como afirma el autor y conferencista Tony Robbins: "Establecer metas es el primer paso para transformar lo invisible en visible".**

PRESENTE Y FUTURO ABUNDANTES

Soñar con una gran fortuna económica es el comienzo para atraerla. Tener claro hacia dónde se quiere ir es poder ver las posibles opciones que se abren frente a ti. Es decir, puedes empezar a planear. Es clave para organizar las finanzas personales.

Construir el futuro no es lo mismo que andar adivinándolo y haciendo suposiciones sin ningún sustento. El futuro depende, en gran medida, de lo que hagamos en el presente. Una manera es hacer tu presupuesto actual, contemplando el espacio que le podrás dar a los sueños. Así podrás ver las múltiples puertas frente a ti, que te invitan a pasar para generar tu propio camino. El presupuesto te ayudará a ver de qué manera puedes invertir dinero en los sueños.

PRESUPUESTO PRESENTE

La lógica del presupuesto es la misma de la que hablamos al principio del capítulo: obligaciones, ingresos, ahorros y gastos flexibles. Ésta es una manera recomendable de dividir tu presupuesto, abarcándolo todo:

1. Determina cuáles son los ingresos mensuales. Ten en cuenta el salario básico, los proyectos personales, rentas, entre otros detalles.
2. Haz una lista de gastos fijos y variables. Entre los fijos, incluye arriendo, seguros, impuestos, préstamos, mercado, etcétera. Los gastos del vehículo, citas médicas, ropa, entretenimiento y regalos hacen parte de los variables.
3. Ahora resta los gastos fijos y variables de los ingresos mensuales. ¿Cuánto dinero queda?
4. Si no queda dinero para ahorrar, revisa lo anterior y realiza los ajustes necesarios. Empieza por revisar los gastos variables.
5. Una vez hechos los arreglos, vuelve a hacer el presupuesto. Realiza este proceso cuantas veces sea necesario hasta que te sientas cómodo.

Así tendrás un panorama claro de cómo están tus finanzas actuales. Además, podrás evaluar si el presente juega a favor del sueño de futuro.

PROYECCIÓN DEL FUTURO

Ahora, revisa cómo está la proyección del futuro económico para conjugarlo con los sueños. Nicolás Gavilanes, colaborador del programa de educación financiera "Tus finanzas", propone tener en cuenta cinco aspectos para prever cómo será el manejo de las finanzas más adelante:

1. Ya evaluaste los ingresos mensuales al hacer el presupuesto. Esta vez, piensa si en el futuro habrá una nueva entrada que puedas sumar.
2. Examina los gastos, tal como hiciste en el presupuesto, pero en esta ocasión fíjate si hay algo para agregar. Por ejemplo, si planeas tener un hijo, incluye gastos de salud, ropa y todo lo que un bebé necesita.
3. ¿Cómo estarán las deudas? La meta es minimizarlas. Revisa si de aquí al futuro proyectado ya habrás salido de unas cuantas. También evalúa si necesitarás pedir nuevos préstamos para mejorar la calidad de vida futura.
4. ¿Cuáles son las metas financieras? ¿Ahorrar, invertir, comprar casa, cambiar de automóvil, estudiar...? ¿Cuánto necesitarías para hacerlo?[5]

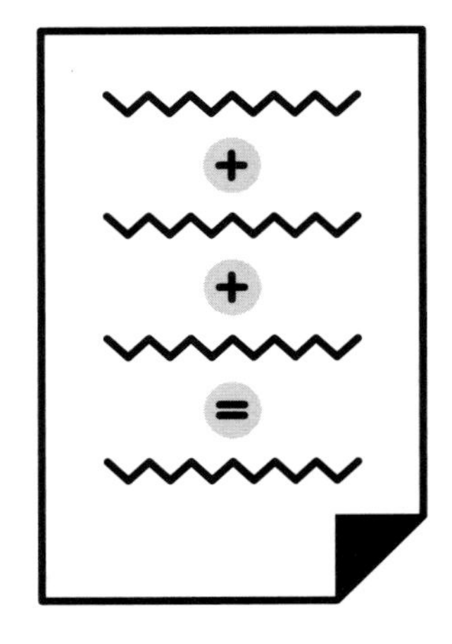

Realizar proyecciones es una buena práctica para revisar cómo manejar el dinero en el futuro, para que contribuya a la consecución de las metas financieras. Lo ideal es hacerlas pensando de aquí a cinco, 10, 15, 20 años. Hazlo tan lejos como puedas. Tendrás una visión panorámica de lo que viene y de lo que podrás hacer para mejorar la calidad de vida.

Con el presupuesto y la proyección estarás en capacidad de tomar las mejores decisiones sobre las finanzas personales. Éstas son más acertadas cuando se basan en planes creados previamente, en lugar de impulsos fugaces. Usar estas técnicas es una manera de construir el futuro, tomando acciones y medidas pertinentes en el presente.

Siempre ten presente el poder de las decisiones, porque una sola puede dar un giro de 180 grados a nuestra vida.

— Tu plan de trabajo —

EJERCICIO 1 TU PRESUPUESTO

¡Es momento de poner manos a la obra! Realiza tu presupuesto con los ingresos y gastos actuales.

¿Qué encontraste? ¿Hiciste los ajustes necesarios?

Luego de reflexionar, te invito a que los cambios que hiciste no se queden en el papel. ¡Empodérate para tomar las riendas de tus finanzas personales!

EJERCICIO 2 PROYÉCTATE

Haz la proyección de tus finanzas para dentro de cinco, 10 y 15 años.

1. ¿Cómo te ves a nivel económico?
2. ¿Tendrás oportunidad de hacer realidad tus sueños?
3. ¿Puedes mejorar tu calidad de vida?
4. ¿Tu fortuna económica podrá crecer?

Si toda tu fe
está puesta en
el dinero, el dinero
secuestrará
tu fe.

En esta compleja y demandante sociedad pareciera que está de moda alcanzar metas y "ser alguien", sin importar cómo se logre. Según esa lógica, algunos son capaces de hacer cualquier cosa por dinero. La mente se nubla, te incapacita para ver que ya eres rico y nadie te puede robar, porque la verdadera riqueza es inmaterial.

¿Qué es el dinero sino un mecanismo de intercambio? Es la evolución del trueque de nuestros antepasados, la manera en que adquirimos y vendemos bienes y servicios. Es sólo eso, algo material. Pero a veces se nos olvida esto y elevamos lo material a un nivel que sobrepasa la propia esencia y los valores.

Si sólo mides la riqueza por la cantidad de dinero que acumulas, puede que seas capaz de hacer cualquier cosa para conseguirlo. ¡Cualquier cosa, sin medir las consecuencias! "El que no considera lo que tiene como la riqueza más grande es desdichado, aunque sea dueño del mundo", dijo Epicuro de Samos, un filósofo griego.

La riqueza es mucho más que lo material, pero cuando sólo te concentras en esto, estás abriendo las puertas para que otras cosas entren a tu vida: la codicia, la envidia y la amargura serán bienvenidas. ¡Nadie quiere eso! Así que es muy importante que comprendas e interiorices que la verdadera riqueza está en quién eres, y no en lo que tienes.

"La codicia es el pozo sin fondo, en el que la persona se agota en el esfuerzo infinito de satisfacer una necesidad", expresó Erich Fromm, psicólogo alemán. Es, entonces, querer conseguir siempre más, sin límites. Y en ese afán de poseerlo todo nos olvidamos del resto del mundo; incluso nos olvidamos de nosotros mismos. El enfoque se va netamente hacia lo material, cuando lo que realmente vale es lo opuesto. Muchas veces perdemos la capacidad de valorar lo que ya tenemos.

¿En qué nivel está tu codicia? Piénsalo, tan sólo por unos instantes, y reflexiona sobre aquellos momentos en que has dado mayor valor al dinero que a lo inmaterial. No quiero decir que desear lo material sea negativo para tu vida. El problema radica en el espacio que das a esos deseos, y en que la codicia te lleve por el camino erróneo. ¡Mucho cuidado con esto porque podrías acabar haciendo cosas de las que más adelante te podrías arrepentir!

En *El discípulo*, Torkom Saraydarian define la codicia como aquello que nos hace perder el norte. "Cuando te atrapa la codicia, te pareces a un avión atrapado en la corriente de un jet que no puede hallar su rumbo." Y evidentemente, perdemos la armonía al desequilibrarnos espiritual, mental y físicamente por perseguir el dinero a toda costa.[6]

¿QUÉ TE SATISFACE?

El egoísmo, la codicia y la tacañería nacen del miedo a no tener lo suficiente o lo que se desea. El afán de ser ricos se convierte en la meta, pero entendiendo la riqueza únicamente como la acumulación de bienes materiales y de dinero. En realidad, para ser rico lo necesario no es aumentar el número de bienes materiales, sino disminuir la codicia y hacer lo posible por nuestro crecimiento espiritual, mental y emocional.

¿De verdad necesitamos tanto dinero para ser felices y tener calidad de vida? Revisa esto con calma. Por supuesto, necesitamos ciertas comodidades para poder brindarle a la familia una mejor calidad de vida y mayores opciones de crecimiento. Pero ¿de verdad necesitas cada día más? ¿En realidad necesitas guardar todo sólo para ti y no compartirlo con otros?

Recuerda que en el dar también está el recibir. Dar es una bendición para ti y para quien recibe. Por ejemplo, a veces tenemos en casa ropa o cosas en muy buen estado, pero que en realidad no usamos ni necesitamos. ¿Qué tal si se las damos a alguien que sí podría necesitarlas? Te aseguro que la satisfacción no tendrá límites y que quien la reciba se sentirá igual. Ésta es una invitación más para que el universo entre a tu vida con vibración energética de abundancia y amor.

Nada afecta más las finanzas personales que tomar decisiones con la mente intranquila. Así que si estás bajo la influencia de la codicia, seguramente las decisiones que tomes no favorecerán tus finanzas personales. Por el contrario, podrías incurrir en pérdidas. La codicia nubla el sentido común.

Medir quiénes somos por el dinero y los bienes materiales que poseemos no es una manera apropiada de conocer nuestro valor ni el de otros. Sin embargo, sí podríamos medirnos por la generosidad y la responsabilidad con la que gestionamos las finanzas personales.

Manejar de la mejor manera posible las finanzas personales es el resultado de vivir tranquilos y seguros, y no pensar que la riqueza es cuestión de dinero o codicia.

De manera que en la medida en que vivas la vida tranquilamente, podrás tomar las mejores decisiones para tu vida financiera. Cuando te encuentras en estado de armonía y equilibrio, es el momento preciso para decidir sobre nuevos gastos, inversiones y adquisición de deudas. Busca siempre la calma para que el dinero llegue a tu vida en el momento y de la manera adecuados.

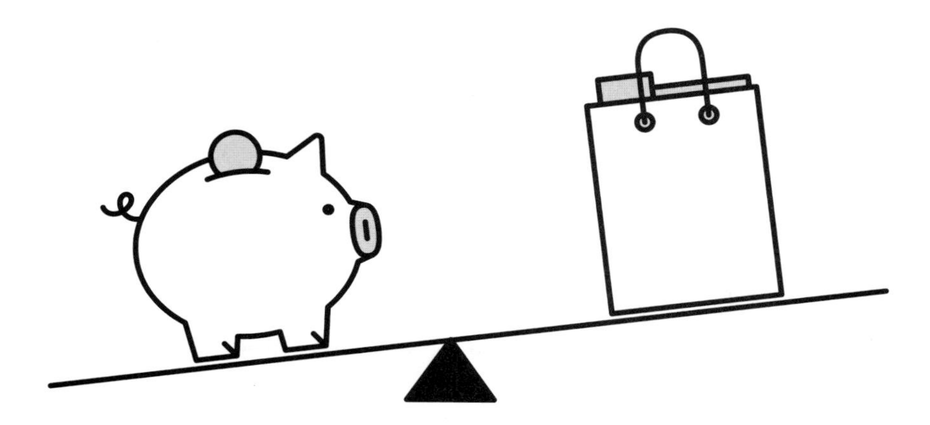

DECISIONES ACERTADAS Y TRANQUILAS

María Guadalupe Martínez, docente del Colegio de Contadores Públicos de México, recomienda los presupuestos como la mejor herramienta para tomar decisiones.[7] Pero resalta aspectos que se deben tener en cuenta, y que normalmente no se contemplan:

- ¿De dónde provienen los ingresos fijos mensuales? ¿Qué tan estable es la fuente? ¿Hasta cuándo podrían estar disponibles los ingresos?
- Revisa la historia de gastos. ¿Qué ha ido cambiando en el tiempo? ¿Qué te dice de tu comportamiento y educación financiera?
- Ten claro que no sólo existen los gastos fijos y flexibles, sino también los gastos por impulso. Son aquellos en los que incurres, por ejemplo, cuando estás en la calle y se te antoja un café. Si haces las cuentas de cuánto gastas en aquellos cafés, ¿cuánto sumaría? Prioriza los gastos.
- ¿Cuáles son los plazos y los intereses, en caso de que los haya, de las obligaciones que has adquirido?
- ¿Estás destinando algo para imprevistos o para tu retiro más adelante?

Si incluyes esto como parte esencial del presupuesto, cuentas con la mayor cantidad de información disponible para tomar decisiones más acertadas.

— Tu plan de trabajo —

EJERCICIO 1 REFLEXIONA SOBRE LA RIQUEZA

Haz un inventario de toda la riqueza que hay en tu vida. Recuerda que ésta trasciende lo material, que es un concepto más amplio que también incluye lo inmaterial.

Enumera todo lo que contemples como riqueza en tu vida y toma nota de ello. Ahora, divídelo en dos categorías: lo material y lo inmaterial.

Pon ambas categorías en una balanza y responde: ¿Qué vale más? Ten en cuenta que el valor no lo da el precio, sino lo importante que eso es para ti. Por ejemplo, ¿vale más tener una familia que un automóvil?

Reflexiona sobre esto. Te darás cuenta de que ya eres rico, precisamente por todo lo inmaterial que hay en tu vida, y que lo material es sólo una recompensa extra.

EJERCICIO 2 COMPLETA EL PRESUPUESTO

Para tener la mayor cantidad de información posible en el proceso de toma de decisiones en las finanzas personales, responde y haz las anotaciones correspondientes en el presupuesto que ya realizaste:

1. ¿Prevés que pueda haber alguna modificación en cuanto a los ingresos?
2. ¿Cómo te comportas a la hora de gastar? ¿Hay algún rubro en el que gastes más de lo presupuestado?
3. ¿Cuáles son los gastos y las obligaciones prioritarias?
4. ¿Cuándo acabarás de pagar las deudas actuales?

Si es necesario, sigue realizando ajustes en el presupuesto hasta que sientas que se acerca mucho más a tu vida actual y al futuro proyectado.

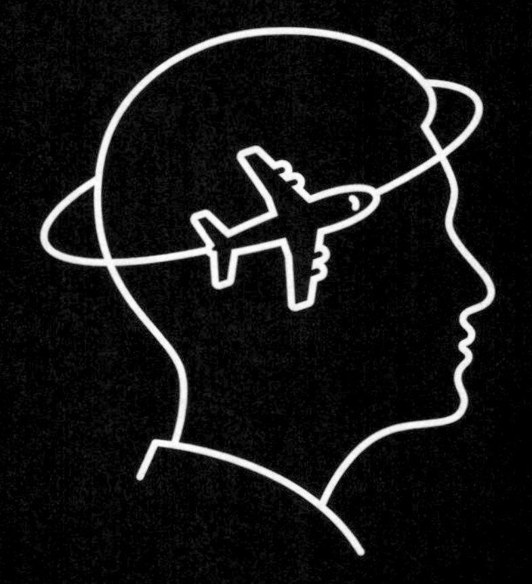

Invierte en experiencias renovadoras y crecerás en sabiduría.

Al hablar de inversiones, la gran mayoría de las personas imagina la compra de acciones, empezar un negocio o la adquisición de alguna propiedad. Pero el filósofo griego Aristóteles bien dijo que "la riqueza consiste mucho más en el disfrute que en la posesión". Hay maneras enormemente valiosas que contribuyen a algo más importante que agrandar la cuenta bancaria: el crecimiento y desarrollo espiritual y mental.

Generalmente, de lo que más se aprende es de las experiencias. Y es algo en lo que, necesariamente, todos deberíamos invertir. Lo más importante es que el catálogo de experiencias sea infinito, así como los aprendizajes que se obtienen de ellas. No importa si hay mucho o poco dinero, sólo debes escoger lo que mejor se ajuste al presupuesto.

Vivir nuevas experiencias trae grandes beneficios para la salud emocional y física. Por eso me atrevo a decir que es mejor invertir en éstas que ir acumulando bienes materiales a lo largo de la vida. Es preferible apilar recuerdos, sonrisas y fuertes lazos, que un montón de artículos que acaban por perder su valor en algún momento. ¡Las experiencias vitales son invaluables!

VIAJES: EXPERIENCIAS POR EXCELENCIA

Porque me ha sucedido a mí, digo que la mejor inversión es viajar. Aprendes sobre otras culturas, estrechas lazos con otras personas, tienes tiempo de calidad contigo mismo y, sobre todo, aumentas tu felicidad. Ojalá siempre que te animes a vivir una de estas mágicas experiencias lo hagas con la intención específica de crecer y obtener aprendizaje personal.

Tienes la opción de contratar viajes organizados por empresas o agencias, pero dependerá del presupuesto. Si en este momento no puedes hacerlo, no hay nada de qué preocuparse, también hay otras opciones.

VIAJA POR TU CUENTA

Podrías organizar un viaje por tu cuenta, de acuerdo con el presupuesto y los gustos. Para calcular cuánto invertir, tendrás que hacer un ejercicio muy similar al de construir un presupuesto. Éstos son los pasos que te recomiendo seguir:

1. Selecciona dos o tres posibles destinos que te gustaría visitar y usa internet para investigarlos. ¿Necesitarás alguna documentación extra para ir? ¿Tendrá algún costo?
2. ¿Cómo podrías llegar al lugar y regresar? Revisa las diferentes opciones: avión, tren, automóvil, metro o bus. Busca el costo y los tiempos de desplazamiento de cada uno y selecciona la mejor opción.
3. Investiga posibles lugares para hospedarte, desde hoteles, hostales o, tal vez, la casa de algún conocido o un apartamento ofertado por redes de economía colaborativa. Elige el que más se acomode a tus preferencias y calcula el precio de cada noche. Finalmente, haz la cuenta por el total de noches que vas a permanecer allí.
4. Destina un monto para alimentación, dependiendo de si puedes y quieres cocinar o comer en restaurantes. Asegúrate de estar cubriendo las tres comidas del día y algo más para la media mañana y la media tarde.
5. Calcula cuánto podrías gastar en desplazamientos internos para ir del hotel a otros lugares, y viceversa. Esto lo puedes hacer preguntando en foros o buscando ayuda de alguien conocido en el destino al que vas.
6. Suma lo que has hecho hasta ahora y evalúa la inversión en relación con el presupuesto. ¿Lo ves posible? Si es así, revisa cuánto sobra del presupuesto de viaje para continuar calculando las otras cosas que hacen falta. Por el contrario, si no se ajusta, vuelve a empezar el plan, revisando otras opciones.

7. Examina los lugares turísticos que quisieras visitar y las excursiones de tu interés. ¿Cuánto podrías necesitar para esto?
8. Es clave que tengas en cuenta los imprevistos. Normalmente se trata del 10% del valor total del viaje, pero mídelo de acuerdo con el número de personas que viajan, el riesgo del destino y las actividades que realizarás.

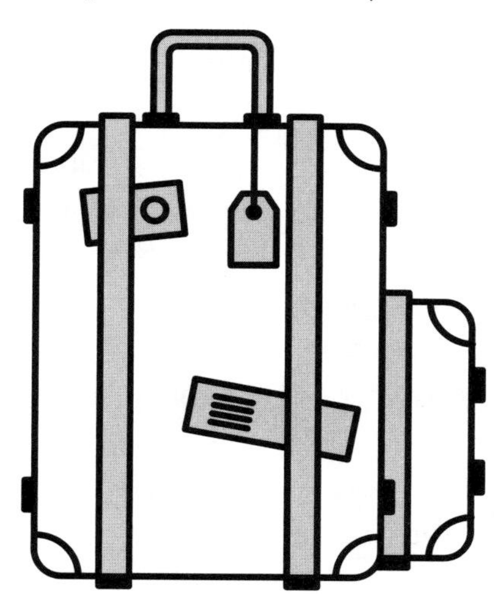

Ahora, sé bien que hay personas que, por preferencia o dinero, prefieren realizar otro tipo de viajes. Conozco gente que agarra su mochila o su maleta y empieza a recorrer pueblos, ciudades, e incluso países y continentes. Obviamente, una decisión como ésta no se toma tan a la ligera, a menos que tengas sangre de aventurero. Normalmente se hace un buen trabajo de investigación previa.

Incluso hay portales web especializados en dar consejos sobre las rutas recomendadas, lo que debes empacar, el hospedaje, el transporte y otra cantidad de cosas que deberías considerar. Viajar de esta manera requiere usar la creatividad y la intuición al máximo.

TODA EXPERIENCIA ES POSITIVA

Los viajes no son las únicas experiencias en las que puedes invertir. Un paseo por el parque, un almuerzo en familia, ir al cine, inscribirte a un encuentro inspiracional, reservar un día de masajes, tomar alguna clase... ¡En fin, lo que se te ocurra!

Toda experiencia es valiosa si construyes recuerdos positivos y lo haces con un propósito. El objetivo puede ser pasar tiempo contigo mismo, escaparte de la rutina, alejarte del ritmo vertiginoso de la sociedad o estrechar lazos con alguien.

Ten siempre presente que vivir nuevas experiencias contribuye a equilibrar la vida en el trabajo y en la casa, con tu esencia y conexión personal. Lo realmente importante es convertir los aprendizajes de las experiencias en conocimiento aplicado para la vida diaria. Por eso mi gran amigo Eli Bravo dice que "la experiencia es la mejor escuela. Nada más poderoso para crecer que vivir y sentir las enseñanzas".[8]

Invertir en experiencias es uno de los mejores negocios para la vida, por la gran cantidad de beneficios que tiene:

- Aventurarte hacia lo desconocido siempre implica aprendizaje.
- Conectarte contigo mismo para redescubrir tu esencia.
- La experiencia perdura en el tiempo, nunca muere en los recuerdos.
- Estimula las emociones al despertar la curiosidad y conocer cosas nuevas.
- Estrechas lazos con las personas con quienes compartes la experiencia.
- Involucras todos los sentidos.
- Te relajas y desconectas de la vida diaria agitada, mejorando la claridad mental.
- Cada vez que recuerdes la experiencia, te sentirás feliz y positivo.
- Te motivas a mantener una mente abierta al aprendizaje.

— Tu plan de trabajo —

EJERCICIO 1 ORGANIZA UN VIAJE

Planea un viaje sólo con las personas que desees. No importa si es a un destino cercano o lejano, sólo hazlo. Por supuesto, trata de no impactar negativamente el presupuesto que has realizado. Pero revisa también lo que ganarías en desarrollo personal con el viaje que organices.

Evalúa si es viable que puedas realizar este viaje.

EJERCICIO 2 EXPERIENCIAS CREATIVAS

Usa la creatividad para planear una experiencia diferente e inolvidable. Organiza algo que sorprenda a los demás e invítalos a vivir contigo un momento único.

Al final, pregúntate cómo está tu estado de ánimo y en qué te ayudó haber disfrutado de esta experiencia junto a otras personas.

Quien tiene
mucho y da poco
es un miserable.
Quien tiene poco
y comparte es
verdaderamente
rico.

Tener mucho y no compartirlo no trae ningún beneficio. Por el contrario, conlleva desdicha y soledad. La posibilidad de tener, mucho o poco, radica justamente en la posibilidad de dar a los otros. No se necesita ser poseedor de una gran fortuna económica para compartirla. Siempre se puede compartir desde lo que tenemos; te lo aseguro, es más que suficiente.

Compartir con los demás trae grandes beneficios, tanto para quien da como para el que recibe. Hay quienes creen que sólo los grandes empresarios del mundo pueden dar. Pero eso no es cierto, porque dar no tiene nada que ver con tener dinero. No necesitas haber acumulado una gran fortuna para ofrecer algo, lo que necesitas es compartir para ser rico. Thomas Browne, un autor inglés, lo dijo de manera muy clara: "El que tiene lo bastante para poder hacer bien a otros, es rico".

Probablemente esto suene un poco confuso, pero déjame explicarte. Compartir no implica, necesariamente, una transacción material. De ahí que no tenga nada que ver con tener dinero o bienes materiales, pero sí con quién eres como ser humano. De hecho, lo mejor que puedes dar es una sonrisa, un saludo, un apretón de manos o un abrazo. Nunca se sabe quién lo necesite.

Éstas son el tipo de cosas que realmente tienen un valor incalculable. El autor Og Mandino decía que "no existe alegría en el tener o en el obtener algo, sino en el dar. Comparta, sonría, abrace a los demás". ¡Totalmente de acuerdo! La felicidad y la abundancia también están en el poder y el don de dar.

LA FELICIDAD DE COMPARTIR

Asumamos que tienes una mansión, un jet, una empresa próspera, ropa de las mejores marcas, increíbles artículos tecnológicos y todo lo que siempre deseaste y te puedas imaginar. Pero estás solo. ¿Realmente lo disfrutarías? Al menos yo no. ¡Para nada!

Prefiero contar con lo mínimo indispensable, desde el punto de vista material, a no tener con quién compartir una gran fortuna económica.

Dar es una manera de expandir la generosidad y la bondad al mundo, de contagiar a los demás de abundancia, alegría y satisfacción. ¡La felicidad y el poder de dar se contagian! Y entre más personas felices haya, más armonía, salud emocional y física y amor fluirán en la energía del mundo.

El agradecimiento es una sensación que llena el alma. No necesariamente de quien recibe el agradecimiento, sino de quien agradece. Por ello, da gracias por las bendiciones recibidas y compártelas con los demás. Recuerda que el verdadero éxito es el que celebramos con otros, no de manera individual. O si no, como digo en mi libro *La vida es una piñata*, "¿qué hacemos con tantos regalos si no podemos celebrar el momento de compartir?"

BENEFICIOS INMATERIALES DE DAR

Expandir la felicidad es el principal beneficio de compartir. Sin embargo, examinemos algunos más:

- Alimentas el alma y el corazón.
- Fortaleces los lazos emocionales con quienes compartes.
- Sonríes más, mejorando tu salud física, mental y emocional.
- Te llenas de energía positiva y la dejas fluir.
- Al dar, automáticamente envías al universo el mensaje de que tú también estás preparado para recibir su abundancia.

BENEFICIOS MATERIALES

Si bien al dar no debes esperar nada a cambio, el universo es tan generoso como para recompensarte también a nivel económico. Sin embargo, trata de que ésta no sea la razón por la que lo haces, sino porque comprendes realmente el poder y la magia de dar.

Hay algunos países en los que se da un gran beneficio tributario a quienes realizan donaciones. Por ejemplo, podrían reducir sus impuestos o estar exentos de pagar algunos de ellos. Por supuesto, las donaciones deben cumplir ciertos requisitos, pero sin duda se ha vuelto un motivante para que las grandes empresas entreguen parte de sus utilidades a fundaciones e instituciones educativas.

A aquellos que sólo piensan en los beneficios económicos, déjenme decirles que si no asumen el propósito de dar y de hacer algo fructífero que agregue valor a otros, ¿de qué vale su fortuna? Sabias palabras de San Francisco de Asís al decir que "cuando abandones esta tierra, no podrás llevarte nada de lo que has recibido, sólo lo que has dado". Entonces, ¿por qué guardarte todo sólo para ti?

¡A SEGUIR EL EJEMPLO!

Mark Zuckerberg, el creador de Facebook, tomó la decisión de donar 99% de sus acciones de la red social. El dinero será destinado a la Fundación Chan Zuckerberg, que tiene junto a su esposa. Explicó que lo hacía para contribuir a promover la igualdad en niños, desarrollando su potencial humano a través de educación y comunidades fuertes. Zuckerberg tiene muy claro que la clave de ganar está en compartir.

Recuerda que damos en la medida en la que podemos. Si no podemos donar dinero a causas nobles, podemos dar cosas que ya no usamos en casa o en el trabajo, que están en buen estado y que otros podrían disfrutar. O bien puedes optar por "ofrecer cariño, ideas, consejos, atención, aptitudes, tiempo, esperanza y muchas cosas más", como plantean Jamal y Mckinnon en *El poder de dar: Cómo el acto de dar nos enriquece a todos.*[9]

— Tu plan de trabajo —

EJERCICIO 1 ¿QUÉ DE LO MATERIAL PUEDES DAR?

Siempre tenemos algo que podemos compartir, aunque al principio no lo parezca. Revisa bien la casa, entre la ropa, en los libros... ¿Qué es eso que no usas y está en buen estado? ¿Crees que alguien más lo puede disfrutar?

Busca a alguien a quien dárselo. Puede ser a un conocido que atraviese por una situación económica difícil, a un total desconocido o, incluso, a alguna escuela, centro del gobierno o fundación.

No te fijes si es mucho o poco, sólo compártelo con alguien que lo pueda necesitar.

¿Cómo te sientes? No esperes un agradecimiento, da por el simple placer de dar. ¡Estoy seguro de que tu corazón y tu alma están ahora llenos de alegría y gozo!

EJERCICIO 2 DA LO MEJOR DE TI

Si bien en lo material usualmente damos lo que nos sobra, esta vez te invito a que entregues lo mejor de ti, con todo el corazón. Me refiero a que contagies a quienes quieras con algo de tu esencia.

- Busca a alguien a quien le puedas regalar una sonrisa, un abrazo, una frase de aliento o simplemente tu compañía. Hazlo desinteresadamente. Incluso, si quieres investiga fundaciones con las que colaborar e inscríbete como voluntario. Verás que hay mucho que puedes dar.
- ¿Cómo te hace sentir ayudar a otros? ¡Siente la energía positiva que ahora fluye alrededor de ti y de quien recibe!

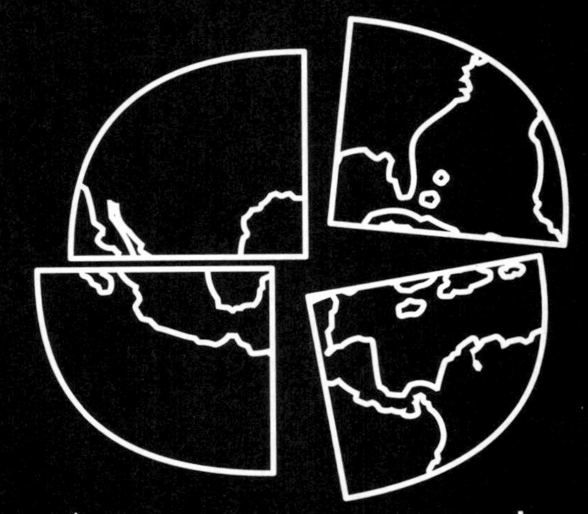

No encargues tu
futuro a la suerte.
¡Construye tu mundo
día a día!

Hay personas que cuando ven a gente con mucho dinero piensan que lo obtuvieron por un "golpe de suerte". La Real Academia Española define la suerte como "circunstancia de ser, por mera casualidad, favorable o adversa". Yo no creo en este tipo de suerte. Prefiero darle una nueva definición, en la que existe la opción de construir nuestra propia suerte.

"¡Es que tiene muy buena suerte!", dijo una vez una amiga cuando hablábamos sobre el exitoso negocio que un conocido había empezado tan sólo un par de meses antes. No creo que sea cuestión del azar decidir quién es exitoso. Pensemos la suerte más bien como algo que construimos poco a poco.

Las cosas no suceden porque sí. Pero sí creo que cuando enfocamos la intención en algo específico y trabajamos por algo se empiezan a desencadenar sucesos mágicos frente a nosotros. Está en nosotros saber aprovechar las oportunidades. Prefiero pensar en la suerte como la capacidad o habilidad para tener los ojos bien abiertos para tocar en el momento oportuno a las puertas que se nos abren.

Para conseguir algo, debemos trabajar por ello. Esto requiere disciplina, esfuerzo, pasión, paciencia y perseverancia, entre muchos otros ingredientes. Pero recuerda que una vez que atraes la abundancia y enfocas la intención, estarás listo para aprovechar las oportunidades y construir el futuro que deseas.

LA SUERTE Y EL DINERO

Especialmente en cuanto al dinero, hay muchas personas que depositan toda su fe en la suerte. Es el caso de quienes juegan a la lotería recurrentemente y confían plenamente en que ganarán el premio mayor en cualquier momento. Y de hecho, así sucede. Hay varios ejemplos de personas que reclaman las recompensas por haber participado. Pero no sirve de nada si no se sabe gestionar el dinero recibido.

Veamos el caso de Evelyn A. que ganó la lotería dos veces, en 1985 y en 1986. ¡Dos veces tuvo la oportunidad de aprovechar el dinero recibido y en ambas ocasiones lo desperdició! Evelyn, confiada en su "buena suerte", no supo administrar los más de 5.4 millones de dólares que recibió. Los gastó sin medir, pero no volvió a ganar nunca más el juego de azar y ahora vive en un tráiler.[10]

También conozco a jugadores que han apostado por más de 20 años, pero jamás han recibido un premio. En su caso, el azar no les jugó una buena pasada, a pesar de la perseverancia y la confianza que depositaron en él.

Si es que la suerte existe, no sirve de nada si no se aprovechan las oportunidades. No puedes confiar el presente y el futuro a un juego de azar, que recompensa sólo a unas cuantas personas, y son hechos muy aislados.

En la actualidad, el juego es una actividad muy extendida. Diversas creencias erróneas llevan a considerarlo una cuestión de destreza, en lugar de una cuestión de azar. La ciencia considera que la ludopatía es un comportamiento parecido a otras adicciones como el alcoholismo, el tabaco o la drogadicción.

Los ludópatas tienen la ilusión errónea de que controlan los juegos de azar e incluso creen que pueden predecir los resultados. Esto, al contrario que las decisiones que tomamos en nuestra vida, es imposible.

El comportamiento a seguir no es intentar controlar unas cartas, sino transformar la infundada idea de que podemos ganar sin esfuerzo. Cada opción conduce a una consecuencia y así tejemos los hilos que se cruzan en nuestra vida. Es una auténtica motivación saber que en cualquier momento podemos cambiar el rumbo de nuestro camino, gracias a las decisiones que tomamos.

Por ejemplo, la piñata es un juego de azar porque no conocemos lo que hay dentro. Cuando abres un paquete, tampoco lo sabes, pero la vida no puede ser así. Debemos tomar el control con la actitud que fomentemos, y revisar nuestras creencias. Hacerlo nos permitirá crear primero, y manifestar nuestra realidad como resultado del proceso de visualización creativa. El que manifiesta constantemente este ejercicio de creencias y creación, está en proceso de crecimiento permanente.

CONSTRUYENDO LA SUERTE

Insisto en que el mejor camino hacia el éxito es el esfuerzo, el aprendizaje, cultivar el talento y la transformación personal. Por supuesto, también se requiere de la pericia suficiente para administrar lo que tenemos, así como de la intuición para aprovechar las oportunidades cuando se presentan.

No existe la "mala suerte". Ésta no es más que el resultado de los aparentes fracasos, de los que aprendemos grandes lecciones de vida.

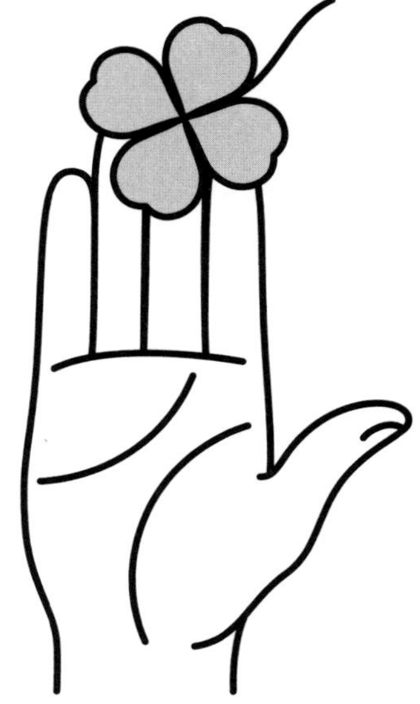

Lo mejor es no depositar la fe en un juego de azar o en las coincidencias, sino en ti mismo. De esta manera, permanecerás alerta de las oportunidades que te presente la vida y estarás preparado para manejarlas.

De nada sirve que recibas una gran cantidad de dinero de un momento a otro si no estás en capacidad de administrarlo. El resultado será que te irás a la quiebra, termines endeudado y, posiblemente, hasta deprimido. ¡No quieres eso para tu vida! Por eso, la mejor opción es que construyas tu propia suerte paso a paso, pero también que estés preparado para afrontar uno de estos golpes de la suerte, si llegase a aparecer.

Manejar una fortuna es un reto para quienes ganan grandes sumas de dinero de un momento a otro, porque no estaban listos para transformar su modo de pensar. No es nada fácil hacer ese cambio en un instante. John Maxwell asegura que "la realidad les cambió, por lo tanto, ellos tienen también que hacerlo y adaptar sus pensamientos a esa nueva realidad". Si hoy te pasara a ti, ¿estarías listo para asumirlo?

Para gestionar la riqueza, necesitas dejar de poner énfasis en acumular objetos. Enfócate más bien en iniciar una transformación personal en la que estés preparado para recibir y compartir la abundancia.

CÓMO CONSTRUIR TU SUERTE

Hay varias cosas que puedes empezar a hacer para construir tu propia suerte y crear la realidad que deseas. Pon en práctica todo lo que hemos hablado en este libro, porque la fortuna económica y la suerte no tienen que ver con el dinero, sino con el bienestar interno y la claridad mental.

Éstos son algunos de los consejos que te quiero dar desde mi experiencia personal y que te pueden ayudar a construir tu propia suerte:

- ¿Cuál es tu misión o propósito de vida? Es importante que lo tengas claro, o que al menos empieces a buscarlo, porque es el motor de la vida. De esta manera será mucho más fácil ver las oportunidades que vayan en línea con tu misión de vida.
- Mantente alerta. Las oportunidades no andan por ahí anun-

ciándose; debemos ser hábiles para verlas y sacarles el máximo provecho posible.

- Dale un empujón a las oportunidades. No las verás si permaneces encerrado en casa. Frecuenta lugares donde haya personas afines a tu propósito de vida. Hay una alta probabilidad de que sea en estas situaciones en donde más brillen oportunidades para ti.
- La actitud positiva y optimista es primordial. Si, por el contrario, te mantienes desesperanzado y con pensamientos negativos, no verás las oportunidades. Incluso, puede que ni siquiera aparezcan, porque no estarás preparado para recibirlas.
- Mantén viva la curiosidad y la intuición. Te permitirán aprender de cada situación y estarás preparado para disfrutar de la oportunidad cuando aparezca.
- Pasa rápidamente a la acción. Una vez que aparezcan las oportunidades, no puedes quedarte cruzado de brazos. Ponla a rodar lo antes posible.

— Tu plan de trabajo —

EJERCICIO 1 LA BASE PARA CONSTRUIR

Tener una clara misión de vida es lo principal para que puedas saber cuáles oportunidades son congruentes con ésta. Para encontrarla, responde las siguientes preguntas:

1. ¿Qué te apasiona?
2. ¿Cuáles son tus cualidades?
3. Pregunta a otras personas qué piensan de ti.
4. ¿En qué eres bueno?
5. ¿Con qué sueñas?

Estas preguntas son tan sólo una ayuda para llevarte a la reflexión. La idea es que encuentres aquello que mueve tu vida y que será el aliento para que puedas construir tu propia suerte de aquí en adelante.

EJERCICIO 2 ¡A EXPLORAR!

A veces las oportunidades tocan a la puerta, pero en otras ocasiones debemos salir a buscarlas.

Haz una lista de las personas acordes con tu misión de vida. Una segunda lista será para anotar los lugares en los que podrías aprender algo en la misma línea: un restaurante, un centro comercial, un centro de negocios, una clase...

¡Pasa a la acción! No dejes que se quede en el papel. Empieza a frecuentar a esas personas y lugares. Mantente alerta por si alguna oportunidad aparece. En caso de que no aparezca alguna, no te desesperes y aprovecha las experiencias para obtener la mayor cantidad de aprendizaje.

Tiempo para ti

7

Si no podemos erradicar el estrés del todo, la única opción es aprender a controlarlo.

A veces pienso que hemos dado un paso atrás en nuestro bienestar tratando de llegar a él. La vida nos lleva a un paso demasiado rápido. No llegamos a adaptarnos al mundo en el que nos vemos sumidos. Los acontecimientos se suceden y tomamos decisiones apresuradas, lo que puede tener consecuencias negativas.

Vivimos una vida plena de estrés, en lugar de bienestar. No tengo que explicar qué es el estrés, porque todos y cada uno de nosotros lo hemos vivido en algún momento. Está presente en nuestra vida, por no decir en nuestro día a día. Comienza con cada nueva meta, proyecto u objetivo que nos marquemos. Hasta que no controlamos una situación, no perdemos esa sensación insana de agobio y nervios.

Según el diccionario de la Real Academia Española, se trata de la "tensión provocada por situaciones agobiantes que originan reacciones psicosomáticas o trastornos psicológicos a veces graves". Es decir, hablamos de una situación que no llegamos a controlar y que provoca en nosotros emociones negativas con graves consecuencias.

Normalmente, cuando tenemos que enfrentarnos a una nueva tarea se produce un proceso de activación llamado ley de Yerkes-Dodson.[2] Se trata de una gráfica planteada a principios del siglo XX que determina cómo al principio nuestra productividad es demasiado baja para rendir, optimizamos el proceso hacia la mitad y, en caso de que continúe aumentando el estrés, se reduce de nuevo nuestra productividad y volvemos a tomar malas decisiones y cometer más errores.

El estrés puede venir producido por el miedo a cometer errores. Debemos tener conciencia de que somos imperfectos; lo normal es que cometamos cientos de fallos a lo largo de nuestra vida, porque ¡tomamos muchas decisiones! Alguna tiene que ser desacertada. Sin embargo, lo importante no es caer, sino cómo nos levantamos. Esto sólo debe servirnos de excusa para esforzarnos más y ser eficaces, la manera en la que aprendemos qué hemos hecho, cómo podemos evitarlo en el futuro y cómo convertir ese error en una oportunidad. Recuerda que lo que hoy es tu debilidad, mañana se convertirá en tu fortaleza. Como escribió el poeta Alexander Pope: "Errar es humano, perdonar es divino". También tenemos que aprender a perdonarnos a nosotros mismos.

> **Algo tan básico como internet nos genera estrés. Según un estudio de Mobility Report, que una página o video se cargue lentamente aumenta nuestro ritmo cardiaco hasta en 38%.[3] ¡Ni que nos fuera la vida en ello! Y el peligro es que llegamos a tener la ilusión de que los procesos de nuestra vida deben ir a la velocidad 4G o 5G, sin darnos cuenta a conciencia de que hay tiempos y tempos.**

Existen varios tipos de estrés. Los más frecuentes son:

1. El familiar.
2. El laboral.
3. El académico.[4]

Sin embargo, también nos afectan las situaciones del pasado, las experiencias que hemos vivido y no hemos sido capaces de superar. Esas circunstancias alteran nuestra forma de pensar y de procesar ciertos estímulos. Nos convertimos en personas más sensibles hacia ciertas tesituras. ¿Cómo podemos evitar que esto nos suceda? Tienes la clave gracias al control de las emociones, las herramientas más importantes para romper paradigmas. Como decía Julien Green: "Ni siquiera el mejor explorador del mundo hace viajes tan largos como aquel hombre que desciende a las profundidades de su corazón".

ASÍ NOS AFECTA EL ESTRÉS

El estrés nos lleva a tener una visión negativa de las cosas. Nos desgastamos, es una lucha mental constante y no siempre podemos aguantar cada una de las batallas. Planteamos que todo lo que nos sucede, incluso lo que es ajeno a la raíz del problema, ha sido causado por "la mala suerte" o por "lo desgraciado que soy". Son frases que todos hemos dicho o, al menos, pensado en algún momento, ¿verdad? Ese bloqueo mental nos impide ver que somos nosotros quienes podemos cambiar las cosas que nos pasan.

El estrés persistente nos perjudica también a nivel físico. Piensa qué sientes en tu cuerpo cuando tienes que entregar un proyecto muy importante o cuando debes tomar una decisión fundamental en tu vida:

1. La tensión nos puede producir dolor de cabeza, ganas de vomitar, diarrea, fuerte dolor en la zona del pecho.[5]
2. Asimismo nos impide dormir o, incluso, aumenta la presión arterial.[6]
3. Bajan nuestras defensas, lo que ayuda a que padezcamos más infecciones y resfriados.
4. Mostramos a los demás nuestra angustia, pues nos provoca acné, caída del cabello y nos envejece la piel.
5. Genera hábitos negativos para una vida saludable, como la necesidad de comer constantemente, mordernos las uñas o tics nerviosos. Puede llevar incluso a la depresión.

Lo más importante, además de cientos de técnicas que podemos complementar para llegar a manejar el estrés, es la tranquilidad. Aprender a respirar (no olvidemos la respiración activa) y uno de los grandes ejercicios que podemos habituarnos a realizar (yo mismo lo hago) es la meditación. Un hábito que nos ayudará a mantener la mente fresca, relajada y lejos de la tensión.

No todo lo que rodea al estrés es negativo. Hay que destacar que, de manera controlada, como sucede con cualquier habilidad, puede convertirse en un estímulo que nos hará alcanzar nuestros objetivos con más facilidad. Nos activa, e incluso potencia la creatividad de muchas personas, gracias a la euforia por llegar a una meta. Sin embargo, el estrés nos estimula cuando se usa desde la inspiración, la innovación y el deseo de crear. Adaptarnos a vivir bajo tal ansiedad, derivada de un estrés estacionario, es imposible, pues nos desgasta a todo nivel.

— Tu plan de acción —

EJERCICIO 1 ORGANIZA TU VIDA

Para alcanzar el éxito tenemos que llegar a ser capaces de controlar el estrés. Para ello, una técnica que grandes líderes mantienen cada noche es escribir en un diario o agenda las tareas que han realizado ese día y las que están por completar la jornada siguiente. Una vida organizada es una vida relajada. Te aseguro que dormirás mejor.

EJERCICIO 2 DIBUJA MANDALAS

El segundo de los ejercicios es más creativo. Por suerte, esta práctica es verdaderamente sana a nivel mental. Te invito a que dediques un tiempo a dibujar mandalas. Se trata de dibujos, normalmente circulares, que representan las energías del universo en el budismo y en el hinduismo. Es una técnica muy utilizada para meditar y reflexionar. Cuando tengas experiencia, con un poco de habilidad, puedes tratar de crear uno propio. Suele representar la vida que llevamos sobre nuestros hombros.

En una mente abierta vive un curioso; en una cerrada, un esclavo.

Todos tenemos algunos prejuicios. Nuestra educación, las personas que nos rodean, las creencias o las experiencias que hemos vivido nos han marcado hasta convertirse en ideas propias. Sin embargo, que seamos autosuficientes e independientes no quiere decir que no estemos abiertos a lo que podemos aprender del resto del mundo. Debemos mantener la mente abierta para saber qué dicen los demás. Esta habilidad nos ayudará a encontrar la armonía en nuestra vida y nos pondrá en el camino que garantiza crecimiento constante.

A la hora de conformar una opinión, no podemos basarnos exclusivamente en lo que pensamos; debemos acudir a nuevas fuentes que reafirmen nuestros argumentos o crear una nueva idea. Tener la mente abierta es evitar la falta de criterio. Es admitir que las cosas no son estáticas y todo tiene un posible nuevo esquema. Es tener la capacidad de considerar nuevas ideas.

Creo que es uno de los hábitos más complicados de llegar a manejar, porque nos cuesta ceder incluso ante nosotros mismos. Dejar el orgullo y plantear que no tenemos la razón no es sencillo. Es un ejercicio de humildad que no siempre estamos dispuestos a realizar. Pero como sucede con todo, es un nuevo hábito al que debemos acostumbrarnos con esfuerzo y perseverancia. No tengas miedo de equivocarte.

Una persona con la mente cerrada sólo estará dispuesta a seguir un camino, su limitado sendero. Se empeñará en mantenerse en él, a pesar de que pueda encontrarse con un muro infranqueable. Una persona flexible podrá apreciar distintas soluciones a un problema o vías alternativas que analizar antes de tomar una decisión. Examina cada tesitura desde diversos ángulos. No tienes que cambiar tu opinión, sino simplemente darle un nuevo enfoque ante la vida.

UNA MENTE ABIERTA

Nos hemos vuelto cómodos —diría yo que incluso vagos— con nuestra forma de tomar decisiones. Lo fácil es mantener el mismo pensamiento de los últimos años, lo que determinamos desde niños, por lo que no hemos querido dar una oportunidad al cambio. Y es que las personas cerradas tienen miedo a salir de su "zona de confort", hacia lo que no conocen y saben que no podrán controlar totalmente. Dejar la mente abierta nos hará la vida más agradable, ya que se abre ante nosotros un abanico de posibilidades sin los límites de los juicios fijados ya en nuestra mente. Una oportunidad para descubrir algo nuevo cada día. Ahí somos el campo infinito de todas las posibilidades.

Tengo una amiga con muy poca memoria, por lo que se sorprende constantemente con cosas que incluso ya le he contado. En una ocasión me dijo que la parte positiva de este problema es que así descubría el mundo nuevamente cada día. Tener la mente abierta es similar: estamos dispuestos a sorprendernos ante lo desconocido, cuestionarlo y llegar a comprenderlo. Al menos reconoceremos que algo existe más allá de nuestro pensamiento.

Del mismo modo, afecta directamente a las relaciones sociales. Fomenta la tolerancia al llegar a aceptar a los demás como son, sin tratar de cambiarlos. Aceptemos que todos somos diferentes, con valores y prioridades distintos. Nos ayudará a ser más pacientes y a entender por qué una persona actúa de una forma determinada ante ciertas situaciones. No saquemos conclusiones preconcebidas. Por ejemplo, cuántas veces acudimos a los demás para que opinen sobre nuestra ropa. ¿Por qué no hacemos lo mismo ante decisiones y problemas cruciales en nuestra vida? Deja que otros te sorprendan y te sirvan de inspiración. Asimismo, las personas con mentalidad estrecha, cerradas en cosmovisión, carecen de la habilidad para cambiar de opinión y aceptar las ideas de otros.

No hay mejor experiencia para aprender sobre otros que viajar. Hazlo tanto como puedas. En muchas ocasiones he hablado de mis viajes a la India, donde he tenido la oportunidad de entender una nueva cultura de la que me he llevado cientos de lecciones. Pero no tienes que irte a miles de kilómetros para ello: tu propio país posee una gran riqueza cultural.

Con este tipo de pensamiento alcanzarás el máximo de tu potencial. La falta de límites se convierte en curiosidad. ¡Atrévete a explorar! No te conformes con lo que dictamine la sociedad o tu propia mente, disponte a aprender más sobre todo lo que cuestionas. Será tu fortaleza, porque la vida tiene muchos matices en un resplandeciente y mutante arcoíris de colores, creencias, realidades.

¿Has pensado cómo cambiaría nuestra vida si dijéramos más veces que sí cuando nos invitan a eventos y actividades a los que nunca hemos dado una oportunidad, por miedo? Algo tan simple como variar la rutina nos ayuda a ampliar nuestra mirada y a expandir horizontes.

Asimismo una mente abierta no significa que aceptemos las opiniones de los demás como nuevas reglas de nuestra vida. Se trata de juicios que debemos analizar para darles crédito o descartarlos. Escuchar las propuestas que nos ofrecen los demás es una disposición a conocer más sobre algo a lo que nos enfrentamos. Pero debemos ser nosotros los que decidamos si las vamos a incorporar a nuestra rutina o mentalidad. Como decía Jerry Gillies: "Podrás reconocer tu propio camino una vez que estés en él, ya que de pronto tendrás más energía e imaginación que la que podrías llegar a necesitar".

Cuestiona las cosas que suceden a tu alrededor. También lo que padecen las personas al otro lado del mundo. En la vida, para crecer, hay que salir de la "zona de confort". Arriesgarse es la única manera de evolucionar.

Amar es arriesgado porque podrías ser traicionado; también lo es crear, pero ni modo, ésa es la única manera de vivir.

La otra es sólo una manera artificial de pensar que estamos vivos por el hecho de sobrevivir desde la indigencia espiritual. La clave es que en todo empeño hay riesgos. ¿Y qué? Es el salto lo que hace indescifrable la experiencia.

— Tu plan de acción —

EJERCICIO 1 CAMBIA LO QUE NO TE GUSTA

¿Qué es lo que no te gusta del mundo que te rodea?

1. Elige un aspecto específico y analiza por qué piensas de esa forma.
2. Habla con tu familia o amigos sobre ese mismo tema para escuchar nuevas opiniones.
3. Lee e infórmate para crear nuevos argumentos.

EJERCICIO 2 ADQUIERE NUEVAS EXPERIENCIAS

Atrévete a probar una comida de otra cultura que siempre has pensado que sería desagradable. Escucha música de otros países, traduce las letras, descubre el contexto en el que se compuso. Interésate por un líder histórico, aprende sobre su vida y sus experiencias.

Todo gasto es una gran inversión si su destino es llevarte al próximo nivel.

Nuestro principal objetivo en la vida debe ser alcanzar el bienestar y ayudar a los demás a que también lo consigan. Sin embargo, para ello debemos cuidar de nosotros mismos. Parece algo sencillo y habitual, pero no es así. No tendemos a prestarnos atención. Nos hemos dicho tantas veces que la prioridad no somos nosotros, que lo hemos elevado a una máxima de nuestra vida.

Pocas veces caemos en la cuenta de que nunca podremos atender a los demás si primero no lo hacemos con nosotros mismos. Tenemos que aprender a respetarnos y mimarnos. Parece una inversión identificada con el despilfarro, pero en realidad es una proyección a futuro. Recuerda que somos dueños de nuestro destino. Nosotros decidimos a qué nivel queremos llegar. Citando a George Bernard Shaw: "La vida no se trata de encontrarte a ti mismo, sino de crearte a ti mismo".

No por ello debemos confundir el amor propio con el egoísmo. No significa quitar el cariño hacia otros para otorgárnoslo a nosotros mismos. En realidad, es reservar parte de nuestra vida para cultivarnos y encontrar así el tan ansiado equilibrio mente-cuerpo-espíritu en medio de un constante aprendizaje o entrenamiento.

Invertir, por ejemplo, en nuestra educación. Bien sea ampliar el conocimiento de una materia o estudiar una carrera o cualquier tipo de competencia que amplíe nuestra sed de sabiduría.

El Washington Center for Equitable Growth asegura que la inversión en educación proporciona beneficios significativos, tanto a los niños como a sus familias y a la sociedad en su conjunto.[7] Se trata de una promoción de oportunidades a largo plazo. Está bien vivir el presente, pero también debemos pensar en el futuro y en cómo mejorarlo para alcanzar el éxito. La educación es una inversión con perspectiva.

CULTIVAR LA MENTE MEJORA LA SALUD

La educación llega a estar relacionada con la salud. Diferentes estudios destacan que las personas con mayor nivel educativo mantienen una tasa de depresión menor.[8] Todo está relacionado con los empleos y el tipo de vida saludable que se alcanza con una educación mayor, lo que te provoca menos estrés y una mejor calidad de vida.

Un estudio de los profesores españoles María del Mar Salinas y Javier Salinas asegura que "el nivel de educación incide positivamente en el bienestar subjetivo, si bien de forma indirecta y con una relación no lineal. La educación parece incidir en el bienestar no de forma directa, sino a través de variables como la salud, la participación laboral, las condiciones de empleo y, en particular, a través de la renta".[9]

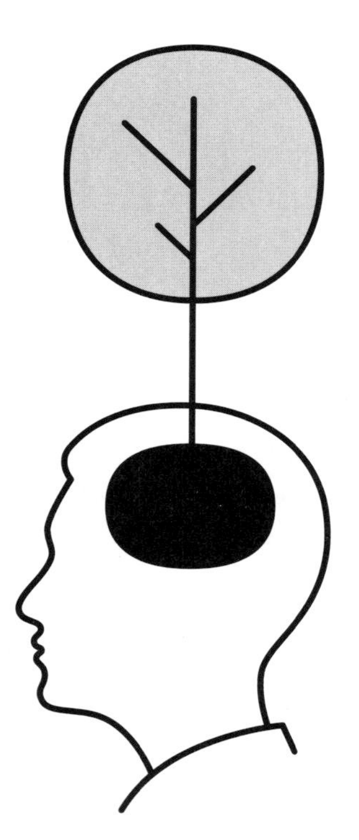

Para cultivar la mente debemos estar también bien físicamente. ¿Recuerdas el último momento en el que te sentiste pleno o plena? A veces los caprichos se convierten en beneficios. Los spa son, en realidad, las aguas termales romanas actualizadas. Baños típicos que, además ser un lugar de reunión, ofrecían relajación con los baños de vapor y las piscinas de varias temperaturas; algunos de ellos con aguas minerales que favorecían y mejoraban funciones y ciertas cualidades del cuerpo, así como lugares específicos para hacer deporte y masajes con aceites y esencias especiales. Además tenían una función de limpieza y purificación mental. Imagina lo importante que serían para la época, ya que las conocidas termas romanas eran públicas, destinadas a los que no podían permitirse tener esas exclusivas instalaciones en sus casas.

Identificados con ese término, hoy por hoy existen cientos de lugares donde podemos acudir como actividad de bienestar. Los tratamientos con aguas potencian la expansión de los vasos sanguíneos, lo cual favorece la circulación, protegen el sistema inmunológico y ayudan a controlar la tensión.[10] La fuerza del agua también favorece la relajación muscular disminuyendo los dolores musculares, según los expertos. Incluso son muy populares los tratamientos antiestrés.

No es un mero capricho, es una inversión en tu estado físico y mental. Una manera de ponernos a punto para seguir luchando contra el estrés y los retos diarios.

> **Lo más valioso que tenemos es nuestro tiempo. Ése es nuestro verdadero tesoro. La suerte es que somos los gestores de esa riqueza. Como parte de la inversión en nuestro bienestar, es fundamental "gastar" tiempo en nosotros. Y en realidad no hay gasto, si te enfocas en el valor de beneficio que te genera esa inversión.**

Es importante dedicar tiempo durante la semana para encontrarnos con nuestro interior, recuperar la paz y devolvernos la alegría. Te aseguro que los demás también se beneficiarán de estas actividades porque seremos más felices en todo lo que hagamos.

Utiliza las técnicas que hemos aprendido hasta ahora: la respiración activa y la meditación. Y potencia las emociones positivas, entre otros recursos.

Las personas con familiares a su cargo tienden a despreocuparse también de su imagen. Tenemos la sensación de que si invertimos tiempo en nosotros y nuestro aspecto, somos egoístas. Sin embargo, esto afecta nuestra autoestima, lo que de manera negativa puede desembocar en una depresión y pobre autovaloración de nuestra persona.

Nuestras prioridades deben cambiar. Evitemos repetirnos la frase de siempre "no tengo tiempo para esto", sin llegar al egoísmo. Sólo hay que ser consecuente con uno mismo. Tener en cuenta nuestras necesidades, emociones y felicidad. Como decía Thomas Szasz: "A menudo las personas dicen que aún no se han encontrado a sí mismas. Pero el sí mismo no es algo que uno encuentra, sino algo que uno crea".

— Tu plan de acción —

EJERCICIO 1 **DATE UN CAPRICHO**

Date un capricho. No tiene que ser una gran inversión. La grandeza se mide en la felicidad que te provoque. Eso sí, tiene que ser una inversión en algo que beneficie tu bienestar. Un día en un spa, un tratamiento relajante, una actividad que te haga descansar y volver a encontrarte.

EJERCICIO 2 **¡RÍETE!**

¡Diviértete! Disfruta de la vida. Y no hay mejor manera que reírte. Prueba la risoterapia, una técnica con grandes beneficios emocionales. Una actividad para deshacerte de lo negativo, relajarte y hacer un poco de ejercicio. No tienes por qué hacerlo solo, ríete con tus seres queridos. Existen miles de dinámicas, pero te propongo algo tan sencillo como una "guerra de la risa". Provoca la carcajada a quien tienes enfrente de ti.

No te dejes engañar.
El destino no es un
tiempo incierto del
futuro, sino cada paso
que vamos dando en
el camino.

Winston Churchill, el antiguo primer ministro británico, decía que "somos dueños de nuestro destino. Somos capitanes de nuestra alma". Esa frase siempre me ha hecho reflexionar sobre el azar y la certeza de la realidad.

Considero que cada uno de nosotros cultiva el fruto que en un futuro recoge. Sin embargo, creo que existe un ser superior a nosotros. Yo pongo las herramientas, y dejo el cómo y el cuándo en manos del universo. Cultivar nuestro espíritu, nuestra mente y nuestro cuerpo son pasos que nos enseñan a alcanzar una meta. El destino no es el futuro, sino el camino que peregrinamos paso a paso hasta llegar a él.

Tengo claro que el éxito es un camino, no un destino. La felicidad se genera en el proceso para alcanzar una meta, no en el simple hecho de superar una cima. Crecer es la única manera de aprender y elevarnos. El destino no es un tiempo incierto en el futuro. Es cada paso que vas dando en tu camino.

Mi destino está ligado a la autosuperación, al progreso continuo. Lo que invierto hoy se verá reflejado en el mañana. Nuestro presente está marcado por nuestras decisiones diarias.

Somos nosotros los que escogemos qué hacer, qué decir o cómo actuar. La vida nos plantea infinidad de posibilidades con otra tanda de consecuencias. Porque todo conlleva un resultado. Precisamente antes hablábamos del estrés. Si no le ponemos solución, nuestra dejadez provocará un efecto negativo que puede desembocar en un problema de salud o en los límites personales que nos fijaremos a causa de ello.

Mi amigo el doctor César Lozano asegura que "si tan sólo decidiéramos vivir en el presente y agregar una dosis de fe en lo que venga, seríamos más felices".

Acudimos al significado más banal de destino cuando no tenemos el control de las cosas. A veces, cuando nos sucede algo, intentamos protegernos y lo atribuimos a que "ya estaba escrito en el destino". Sin embargo, sólo se trata de una consecuencia de lo que hemos construido en el camino. Entonces, ¿quieres determinar tu futuro? Trabaja en tu destino, en los pasos que tienes que dar, en tu presente.

Como dictamina Buda: "No insistas en el pasado, no sueñes en el futuro, concentra la mente en el momento presente".

Es imposible mantener el control total de todo lo que nos rodea. Sin embargo, podemos potenciar nuestras habilidades y hacernos con estrategias para dominar cómo nos va a afectar, qué implica en nuestra vida una situación ajena que nos parece imposible.

El destino no es un tiempo incierto del futuro, sino cada paso que vamos dando en el camino.

Por ejemplo, es evidente que los estudios constituyen una gran herramienta de conocimiento para labrar nuestro propio destino; pero la perseverancia por cumplir una vocación, está a la misma altura. De ahí la importancia de cada paso en el camino.

Actualmente, en las entrevistas de trabajo, las empresas se fijan en habilidades relacionadas con el liderazgo y la motivación. Además de formación, buscan talento. Habilidades como saber resolver problemas, la motivación, la responsabilidad o el trabajo en equipo, son fundamentales. Conocerlas en profundidad y gestionarlas también forma parte de ese destino que deseamos construir.

La mayoría de las veces la base de tranquilidad, nuestra zona de confort, se produce por dinero, pues tememos que los ingresos mermen con un cambio. No es descabellado pensar así, sobre todo en tiempos de crisis; pero también es provechoso preguntarse: ¿Dónde quedaron nuestras aspiraciones personales? ¿Qué hicimos con la motivación que nos impulsó a estudiar una carrera u oficio? ¿En qué plano queda la autorrealización?

Por muy cómodos que nos sintamos en nuestra vida actual, debemos pensar que existen nuevos caminos más amplios y acordes a nuestros intereses personales y profesionales. No olvidemos lo que nos apasiona.

LABRA TU DESTINO

Muchos piensan que ya está todo escrito, que lo que nos sucede en el día a día está determinado. Entonces, lo único que tendríamos que hacer es acostarnos en el sofá a descansar y dejar que los éxitos de nuestra vida entren solos por la puerta. Por lo que he podido aprender de los grandes líderes, la vida no funciona así. Observa la trayectoria de Chris Gardner, especialmente conocido tras la película *En busca de la felicidad*. Él tuvo que esforzarse, trabajar y controlar su vida y la de su hijo para salir de una situación de penuria.

Yo mismo, si no hubiera decidido seguir creciendo, transformar mi vida, no hubiera llegado a escribir estas palabras. Seguiría en El Caney, de mi amada Cuba, donde pude seguir cómodamente esperando a que mi vida diera un giro de 180 grados por sí sola. Pero decidí salir de mi "zona de confort", estudiar, cultivar espíritu y mente y trabajar con ahínco e inteligencia para llegar a donde estoy. Ese camino no lo dejo a un lado, porque tengo claro que para continuar alcanzando el éxito debo seguir preparándome y labrando mi destino. Después de todo, éxito es vivir en paz y goce, bajo tus propios términos.

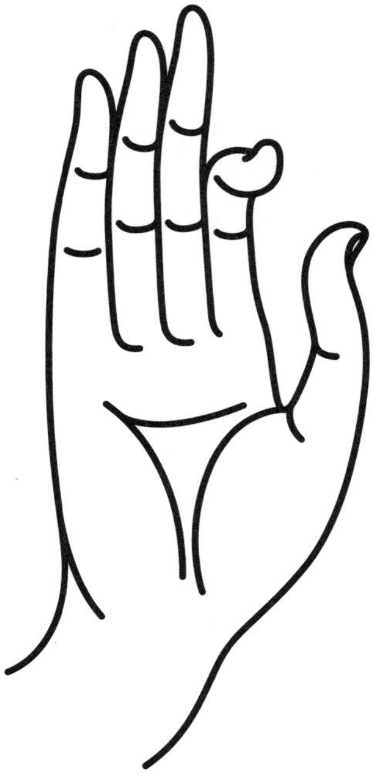

Por eso es tan importante pensar en el presente y en lo que podemos hacer hoy. Eso está relacionado con la inversión, de la que hablábamos en páginas anteriores, y con el cultivo de la sabiduría, que nos otorga la habilidad de una voluntad libre y la capacidad para actuar. Las experiencias que te suceden —buenas y malas— sólo son pruebas de actitud a las que enfrentarte.

Cultivar los tres niveles del ser humano repercute exponencialmente en el ámbito personal y profesional. Mantiene una disciplina en nuestra forma de ser y favorece nuestra relación con los demás, una mayor calidad de bienestar. Somos seres extraordinarios, con la oportunidad de aprender a ser personas.

EL VALOR DE VIVIR EN EL PRESENTE

Cultivarnos en el presente no implica que, de la noche a la mañana, hallemos una respuesta inmediata. ¿Por qué siempre pensamos en la meta y nunca disfrutamos del camino? Es toda una experiencia el proceso para ampliar nuestras fronteras mentales y espirituales.

Debemos vivir en el presente para tener una vida plena. Pensarás que es lógico que vivamos en la actualidad. Por supuesto, lo hacemos físicamente, pero nos condicionamos mucho por el pasado. Hay cientos de situaciones por las que hemos pasado y que, con una actitud u otra, han supuesto un gran cambio en nuestra vida. Analizar nuestros temores, barreras y recuerdos que seguimos arrastrando nos ayudará a liberar de una vez por todas a nuestro antiguo "yo" para ser capaces de vivir en el presente. Mantengamos en el anclaje sólo las experiencias de éxito y los aprendizajes que hayamos obtenido de cada piedra en el camino.

El presente te otorga la posibilidad de disfrutar y valorar las bendiciones y regalos a tu alrededor, aprovecharlos y utilizarlos en beneficio de muchos. Recurrir al tiempo para demostrar lo que podemos llegar a ser capaces, tan sólo dando nuevos pasos, cada vez más grandes, en la montaña de la vida. Disfruta con el destino, con el camino hacia el futuro.

— Tu plan de acción —

EJERCICIO 1 TRABAJA HOY PARA EL FUTURO

Analiza tu último mes. ¿Qué has hecho para cultivar tu futuro? Describe los pasos que has dado y cómo crees que afectarán a tu futuro.

EJERCICIO 2 PASOS A SEGUIR

¿Cómo crees que será tu futuro con los pasos que has dado hasta ahora? Con las conclusiones del primer ejercicio, plantéate cómo puedes mejorar tus habilidades y marca los siguientes pasos para seguir controlando tu futuro.

Calar mundos es un viaje
de descubrimientos.
Abre tus ojos a la
diversidad y cierra tus
oídos a la ignorancia.

Me gusta decir que viajar es la mejor manera de entender el mundo. Al fin y al cabo existen 194 países (al menos son los reconocidos como Estados soberanos por la Organización de las Naciones Unidas). Somos ciudadanos del mundo. Tengo claro que soy mucho más que un cubano: la única frontera en mi camino es la extensión del planeta, por ahora.

De cada aventura extraigo reflexiones y aprendizajes de las diferentes culturas que me encuentro. ¡A cual más dispar! Estos trayectos me hacen crecer como persona, se reflejan en mi paz interior. Forman parte de mi sabiduría y me ayudan a encontrar el bienestar.

Conozco a cientos de personas que marcan la diferencia en mi corazón. Individuos anónimos que quedan en mi recuerdo y que, gracias a la apertura de mente, me han aportado una nueva perspectiva en la vida. Sólo hay que superar la timidez, porque somos seres sociales.

Necesitamos relacionarnos con los demás, mantener nuevas conversaciones y descubrir otras opiniones para enriquecer nuestra mente. Porque no todo es blanco y negro, el mundo está lleno de colores.

Precisamente es uno de los motivos por los que me sorprendió la India, el país de los mil colores. Un destino que ha significado una transformación. Me ha inspirado en la constante búsqueda de la genuina naturaleza del ser humano. Es un país lleno de sonidos, olores y curiosidades que no dejan indiferente a ningún visitante. Una realidad diferente. He estado allí en tres ocasiones. Cada uno de los viajes ha quedado marcado en mi memoria.

También en este tipo de viajes valoras más lo que tienes. Viajar te aporta un aprendizaje de tolerancia, porque las diferencias superan los clichés. Tener el conocimiento de las costumbres y tradiciones de otros lugares y obtener esa experiencia de primera mano te ofrece la oportunidad de comprender que nada tiene una sola mirada. Que lo que nos han enseñado desde niños ha sido la base de una vida incompleta, con sed de descubrir. Ninguna cultura es mejor que otra, sólo diferente.

Debemos dejarnos sorprender también de que encontremos grandes similitudes con personas que no han tenido la misma cultura o educación. Al fin y al cabo, todos somos seres que experimentamos los mismos sentimientos y emociones, pero en ocasiones, diferentes maneras de asimilarlos y mostrarlos.

Por eso quise apostar por los viajes con propósito para descubrir nuestra casa común, que es el mundo. Seguir desarrollando la abundancia del ser, con conciencia social, y manteniendo el camino de crecimiento personal.

Me sorprende cuando viajo y descubro que muchas personas exploran brevemente una nueva ciudad, comen en restaurantes típicos de su propio país mientras la visitan, por prejuicios, y evitan entrar en la dinámica social local por miedo a lo desconocido. Viajar para abrir la mente implica probar una nueva gastronomía. A lo mejor nos reafirma en la falta de gusto, pero nos descubrirá nuevos sabores y olores. Además de fijarnos en los monumentos, observemos lo que sucede a nuestro alrededor. Seamos sociólogos aficionados. ¿Cómo es la vida de los lugareños?

Curiosamente, en nuestro viaje a la India, el último día nos dirigíamos a la celebración de despedida cuando nos encontramos con una auténtica fiesta en plena calle. ¡Era una boda! Ante ello teníamos dos opciones: seguir hacia nuestro destino o unirnos a la celebración, como parte de los que allí celebraban. No lo dudamos. Fue una de las mejores experiencias del viaje. Todos recordamos el sentimiento que nos provocó asistir a una festividad tan emotiva y llena de alegría.

APRENDER DE LAS NUEVAS EXPERIENCIAS

Gracias a los viajes tenemos la oportunidad de experimentar con nuestras emociones a través de los sentidos. Observar la realidad para redescubrirla con nuestra propia mirada. Nuevas experiencias —que influyen en la neuroplasticidad de la que hablamos páginas atrás— mantienen nuestro cerebro activo y estimulado, con ganas de aprender más, creando nuevos significados y recuerdos. Las características más importantes para el ejercicio mental, que nos ayuda a seguir estimulando el cerebro, son la novedad, la variedad y el desafío.[12] Además, tendremos la oportunidad de perfeccionar un idioma o descubrir nuevas palabras.

Gracias a este aprendizaje potenciamos la autoconfianza. Al convertirnos en personas más seguras de nosotros mismos, tomaremos mejores decisiones, no tendremos miedo a equivocarnos y aprovecharemos más las oportunidades.

Viajar también te hace desconectarte de la monotonía. Desconocer qué verás y degustarás, cómo te sorprenderás al día siguiente, representa una nueva aventura. Y con la desconexión también podrás conocerte mejor fuera del ajetreo de la vida diaria. Las preocupaciones no deben viajar contigo para poder desarrollarte con plenitud, con libertad creativa; sólo así podrás dedicarte a ti mismo.

No plantees el costo de un viaje como excusa para no salir de tu ciudad. Puedes planear con tiempo un trayecto económico a miles de lugares del mundo. Viajar no es un gasto, es una inversión para la vida. Un viaje no deber ser sólo geográfico, sino de inmersión hacia el alma profunda. Es una de las mejores inversiones que podemos realizar en nosotros mismos, un auténtico intercambio cultural. No sólo por el aprendizaje que conlleva, sino por la sensación de liberación y paz interior con la que volvemos. Descansados mentalmente al no tener que esforzarnos en ser productivos, sino en disfrutar y vivir. Encontrarás experiencias inolvidables.

— Tu plan de acción —

EJERCICIO 1 ANALIZA TU VIAJE MÁS RECIENTE

Tras el viaje, no hay mejor aprendizaje que la reflexión en casa. Como decía George Moore: "Un hombre viaja por el mundo buscando lo que necesita y regresa a casa para encontrarlo". Piensa en el último viaje que hayas realizado. No tiene por qué ser a otro país, sino a una ciudad o pueblo cercano a ti. Después haz memoria, repasa las experiencias que viviste y haz una lista de los beneficios que te aportó.

EJERCICIO 2 ¡A VIAJAR!

Planea un viaje, mejor si es a una ciudad que no conoces. Recuerda que no tienes que viajar a miles de kilómetros para ver nuevas costumbres. Determina a qué lugar irás e investiga sobre su historia y cultura. Pero sobre todo: viaja.

Invierte tus energías
en construir. No
permitas que la
crítica malsana te
destruya.

Las personas conocidas por el público nos enfrentamos a la dura crítica. Según el cómico George Carlin: "La razón por la que me hablo a mí mismo es que soy el único cuyas respuestas acepto". Un actor muchas veces tiene la difícil tarea de recibir la reacción de su público en directo. A mí mismo me ha sucedido en conferencias o programas, y no siempre es sencillo.

Al fin y al cabo, a casi nadie le gustan las críticas, en primera instancia. Se destaca con ellas un detalle negativo de nosotros, un fallo que no hemos sabido arreglar o una "imperfección" que, decididamente, no hemos superado. Sin embargo, hay que escucharlas y reconocer de cuáles debemos aprender. Las críticas pueden venir de personas que nos valoran, o que son estudiosas en un ámbito, por lo que pueden ayudarnos a crecer.

La crítica destructiva es aquella que no aporta ningún tipo de valor a lo que se está analizando. Suele venir de una persona que la realiza por envidia o prejuicios, con baja autoestima, que sólo tiene el objetivo de hacer daño. No se plantea para que reflexionemos y aprendamos una lección. Su misión no es ayudarnos a rectificar errores.

En el otro extremo está la crítica melosa, repugnantemente halagadora, o el elogio inmerecido, que también son de tendencia negativa en su intención. Es un juicio falso que sólo pretende endulzarte los oídos. Tampoco tendrá ningún efecto positivo superior a una falsa caricia a tu ego, ya que nos recrearemos en algo que no es verdadero, genuino o generoso.

La clave, como siempre, está en el equilibrio. La crítica constructiva demuestra importancia y respeto por la otra persona. No tiene por qué ser positiva o negativa, simplemente ayudarte a seguir creciendo en tus funciones. Te potenciará en tus habilidades sólidas, mientras que te mostrará errores que necesitas corregir.

Es complicado escuchar una crítica negativa, aunque conlleve un objetivo positivo. Sin embargo, debemos renunciar a la soberbia de que somos seres perfectos (un ideal imposible). La humildad radica en reconocer que nos queda mucho por transformar y que nunca llegaremos a dejar de trabajar en ello.

Esta nueva visión sólo la admitiremos si tenemos la mente abierta. Escuchando detenidamente lo que debemos corregir fortaleceremos nuestro trabajo y creceremos. Podemos pedir consejo a otra persona, si ésta demuestra que conoce la situación y sabe cómo ayudarnos.

APRENDER DE LAS CRÍTICAS

Saber escuchar las críticas y asimilarlas significa que hemos alcanzado un alto estado de madurez y de control de las emociones. Debemos aprender de las críticas y no sumirnos en la tristeza de no haber hecho bien las cosas desde un principio.

Cuando nosotros realizamos una crítica es aún más complicado, porque tenemos que actuar con delicadeza verbal y gesticular. Si nuestro interlocutor es un verdadero oyente, de los que escuchan atentamente, debemos de ser conscientes de las señales que le lanzamos.

De nada sirve tratar de definir un error corregible, contarlo con las palabras idóneas, mientras nuestros gestos sólo transmiten negatividad o agresividad. Se trata de realizar una retroalimentación positiva.

¿Conoces los tres filtros de Sócrates?[13] Cuenta la historia que uno de los discípulos del filósofo se acercó al maestro para decirle algo que había escuchado a un compañero. Entonces Sócrates le pidió que pasara los tres filtros:

1. La verdad (¿era cierto a ciencia cierta?).
2. La bondad (¿le iba a hacer bien a alguien?).
3. La utilidad (¿para qué le iba a servir saberlo?).

Finalmente, le dijo que si no era cierto, bueno o útil, ¿para qué iba a contárselo? Efectivamente, es lo primero que debemos tener en cuenta a la hora de realizar una crítica y hablar de otra persona. Existe un sistema al que llaman la técnica sándwich.[14] Consiste en colocar la crítica negativa entre dos comentarios positivos. Imagina que un amigo te entrega su libro recién terminado. Obviamente, deberás ser sincero con lo que opinas, pero no tienes por qué acumular correcciones para enumerarlas en una lista. Puedes incluirlas entre los comentarios positivos, en los que verdaderamente creas. De esta manera será más útil y mejor escuchada.

Y como nos gustaría que hicieran con nosotros, destaca tu apoyo en la persona y valora el reto al que se ha sometido. Concienciarnos nosotros mismos de realizar críticas constructivas nos ayudará a que los demás también las utilicen. No hay mejor maestro que el ejemplo.

Después, lo que aprendamos de cada opinión es una tarea meramente personal. Eleanor Roosevelt decía: "Creo que, de una manera u otra, aprendemos quiénes somos realmente y luego vivimos con esa decisión".

No te tomes las críticas como algo personal porque, si son constructivas, sólo tienen el objetivo de ayudarte a ser mejor. Recuerda que un líder recibirá cientos de críticas para seguir creciendo; es más, nunca dejará de escucharlas. La clave es saber cómo asumirlas y ejecutarlas.

— Tu plan de acción —

EJERCICIO 1 ENFRÉNTATE A TI MISMO

No hay mejor crítico que uno mismo. Sé sincero, analízate y encuentra las áreas de crecimiento y fortalezas que tengas. Así comprenderás cuáles son tus habilidades y cómo corregir los errores.

EJERCICIO 2 COMPRUEBA SI ES CIERTA TU CRÍTICA

Elige a una persona de tu confianza, bien sea un familiar o un amigo, y pídele que te analice. Que destaque tus fortalezas y áreas más vulnerables. ¿Cuáles han coincidido? ¿En qué tienes que mejorar?

Vivir intensamente el
presente es la única
manera de ganar
el futuro.

Me gusta la frase de la poeta y periodista Ella Wheeler Wilcox: "No existe mayor satisfacción que mirar hacia atrás y darse cuenta de que uno ha crecido en autocontrol, criterio, generosidad y acciones desinteresadas".

Quiero aprovechar al máximo el presente, aprender de todos los que me rodean y experimentar todas las situaciones que me plantea la vida. Una vez superado el pasado, haber roto paradigmas, sólo miro el futuro. Para ello, me dedico a deshilvanar cada uno de los hilos que enredan el tejido del presente.

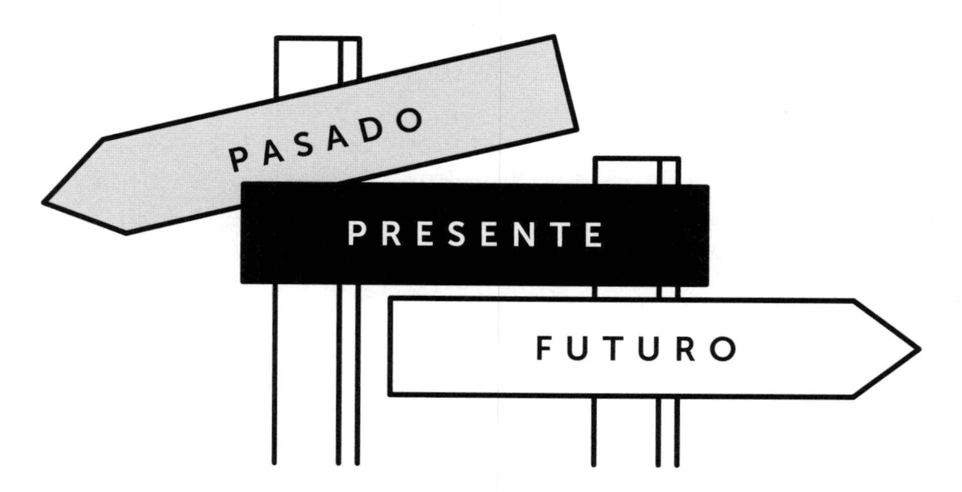

El presente es el auténtico regalo de la vida si somos capaces de aprovecharlo intensamente. Y a mi paso trato de crear un mundo lleno de abundancia.

He aprendido de mi mentor Deepak Chopra que el presente es el único momento que tenemos. El ahora es el único tiempo con el que podemos contar. El pasado ya no está, y el futuro lo desconocemos, aunque estemos trabajando para que sea igualmente abundante.

Así tenemos que dar lo mejor de nosotros en busca de la plenitud, aceptar lo que nos viene y saber cómo actuar ante él. Tendré claro que, suceda lo que suceda, aprovecharé al máximo las veinticuatro horas que tiene el día de hoy. Cada día es tu vida en miniatura. Vivirás con la mirada positiva, sonriendo a la vida para mantener la paz en tu mente. Sácale el máximo partido a todas las herramientas e ideas que hemos tratado a lo largo de las páginas de este libro.

Tengo claro que quiero ser feliz y eso está al alcance de mi mano, porque yo manejo mi presente. Cada día estoy inmerso en cientos de circunstancias, tengo que tomar decisiones muy complicadas que pueden afectar a otros y no puedo controlar que algunas cosas salgan mal. Sin embargo, sí puedo declararle la guerra a la negatividad que sólo atrae apatía y pasividad ante las situaciones.

Ser feliz y que los demás lo sean es una emoción contagiosa. Según un estudio de BMJ Group, quienes están rodeados de personas felices son más propensos a ser felices.[15] Dicho estudio sugiere que los grupos de felicidad son el resultado de su transmisión y no sólo una tendencia de los seres humanos a asociarse con individuos similares.

Vivir apasionadamente el presente se basa en la satisfacción que se mantiene en mi mente, que busca el éxito y el bienestar, tanto para mí como para los que me rodean. Poder acostarme por la noche sabiendo que no he desaprovechado un solo segundo en pensamientos tóxicos o actitudes que sólo cultivarán un futuro negativo. Acabar el día como lo comencé: con una sonrisa ante la vida.

Debemos reconocer los errores y corregirlos, pero también festejar nuestros logros. Estos talentos, que nos llevan al éxito, no son más que un indicador de que seguimos creciendo en el largo camino de la transformación.

EL PODER DEL AIRE LIBRE

Disfruta de la naturaleza. El medio ambiente produce reacciones positivas en nosotros, según una investigación de la Escuela de Ciencias Económicas y Políticas de Londres.[16] De hecho se reveló que somos más propensos a ser felices en entornos naturales, en comparación con los urbanos. Las actividades deportivas y recreativas, como correr, la jardinería o la observación de aves, también están asociadas con mayor bienestar y felicidad.

Ten conciencia plena del presente. ¿Conoces el concepto de *mindfulness*?[17] Es un término en lengua inglesa acuñado a partir de los principios del budismo (una práctica con más de 2500 años de antigüedad), algo adaptados a la sociedad actual. Solemos traducirla al español como plena conciencia o presencia plena. No es otra cosa que prestar atención completa y consciente a lo que se vive en el momento. Tener curiosidades y mente abierta ante lo que se está viviendo. Es el estado máximo de concentración. Y, como dice Daniel Goleman: "La atención es un músculo que se debe entrenar". Así, te invito a realizar meditaciones para practicar y llegar a alcanzar la atención plena y consciente.

Vivir quiere decir encontrar un significado que determine nuestros pasos. El presente nos otorga la oportunidad de crear, de construir nuestro futuro y manejar mejor el tiempo. Debemos evitar que las cosas sucedan al azar y dominar nosotros la actitud que elegimos adoptar ante las situaciones, sin olvidarnos de disfrutar de los pequeños detalles. Es increíble cómo un gesto puede cambiar el estado de ánimo de otra persona, la satisfacción que aporta un abrazo o una simple conversación. Esto significa que les otorgamos parte de nuestro preciado tesoro, el tiempo. Según un estudio de la Universidad de Yale, la felicidad facilita la búsqueda de objetivos importantes, contribuye con lazos sociales vitales, amplía el campo de atención y aumenta el bienestar y la salud psicológica. Sin embargo, también explica que nuestra dedicación para llegar a serlo puede crearnos frustración.[18]

¡Cuántas veces me he descubierto a mí mismo corriendo de un lugar para otro, incluso diciendo la tan socorrida frase "no tengo tiempo"! En un mundo tan acelerado como el que vivimos, nos olvidamos de disfrutar de los momentos y los dejamos pasar. Admitimos la entrada del estrés y la intranquilidad dejando a un lado la paz interior. Nos olvidamos de cómo practicar la respiración activa y dejamos de escucharnos. ¡Cambiemos las cosas!

— Tu plan de acción —

EJERCICIO 1 ANALIZA CÓMO FUE TU DÍA

Cada noche repasa lo que has hecho durante el día. Busca entre las decenas de actividades que habrás completado, cuándo has disfrutado del día, cuándo has perdido el tiempo sumido en emociones tóxicas y cómo debes evitarlo al día siguiente. Revisa cuándo has transmitido tu crecimiento y también los momentos que te han limitado.

EJERCICIO 2 TOMA UN SEGUNDO

Cuando estés de camino al trabajo o a la universidad, detente en el primer parque o plaza que te encuentres. Siéntate, practica la respiración activa. Recuerda que el estrés sólo provoca pensamientos negativos, y sólo los positivos te potencian y liberan. Reconfigura tu día para vivir el presente.

CONCLUSIONES

Si has llegado hasta aquí, muchas gracias. Mis objetivos se cumplen si consigo que te intereses en los tuyos. Para eso he escrito este libro, para poner en contexto siete esferas de acción de nuestra vida. Espero haber despertado en ti una auténtica curiosidad por la forma en que vivimos, por los sueños y las metas. Cuanto más grande sea tu sueño, mayor debe ser tu disciplina, tu compromiso y tu contrato de ejecución.

No podemos hacer magia, pero sí generar milagros. Los milagros son actos que podemos hacer, para nosotros y para otros, desde un pensamiento de eternas e infinitas posibilidades. Milagros que requieren de tu responsabilidad, acción, decisiones, compromiso, constancia y liderazgo.

Para ti, mi querido amigo, mi querida amiga, que has confiado en llevar este libro a tu vida —quizá a tu mesita de noche, a tu auto, a tu oficina, a tu lugar de meditación, reflexión y contemplación—, mi agradecimiento absoluto.

Despierta con Cala ha sido pensado como un libro de referencia, de larga vida, de completa compañía para ti. Siento que aquí he volcado mucho de lo que a mí me ha sido útil durante más de cuatro décadas para sentirme una persona que crece desde el despertar. Dormimos demasiadas horas de nuestra vida. ¡Qué triste que cuando estamos despiertos el sueño sea aún más ilusorio, porque no tenemos el control y la responsabilidad de lo que nos toca realizar como artistas!

Eres un artista. Créetelo. El lienzo es todo lo que te va sucediendo. Tienes la oportunidad de dibujar tus decisiones, tus pensamientos, tus acciones.

AGRADECIMIENTOS

Quiero expresar mi gratitud a todas las personas que han colaborado para que este libro viera la luz, entre ellas:

- Elsa García, Sandra Rodríguez, Bruno Torres Sr. y Lorena Susso, de la Cátedra de Investigaciones de Cala Enterprises, bajo la guía editorial de Michel D. Suárez.
- Omar Fajer e Ignacio Meyer, de Univision Communications Inc.
- Silvia Matute, Rita Jaramillo y a todo el fabuloso equipo de Penguin Random House Grupo Editorial USA.
- Luz María Doria, productora ejecutiva de *Despierta América,* y a todos los integrantes del programa.
- A todo el TeamCala, dirigido por Bruno Torres Jr., por su eficiencia y compromiso inspirador.

NOTAS

CAP. 1

1 Bruce Lipton, *La biología de la creencia: La liberación del poder de la conciencia, la materia y los milagros*, Madrid, Gaia Ediciones, 2010.

2 https://www.youtube.com/watch?v=4SnJjLc7-0E.

3 https://www.youtube.com/watch?v=lXdj_0Xphyw.

4 http://www.bbc.com/mundo/noticias/2013/03/130320_acciones_dia_internacional_felicidad_am.

5 http://www.eltiempo.com/estilo-de-vida/salud/claves-de-la-felicidad-segun-harvard/16593114.

6 http://www.pietrogrieco.net/Concepto_de%20Espiritualidad.pdf.

7 Stephen Sturgess, *El yoga de la meditación: Serena la mente y despierta tu espíritu interior*, Barcelona, Editorial Kairós, 2014.

8 *Idem*.

9 http://catholic-link.com/2014/11/11/relacion-fe-ciencia-dialogo-nobel/.

10 Sturgess, *op. cit*.

11 Charles Duhigg, *El poder de los hábitos: Por qué hacemos lo que hacemos en la vida y en la empresa*, Barcelona, Urano, 2012.

12 http://www.bibliotecapleyades.net/esp_salto_quantico.htm.

13 Enric Corbera, *El arte de desaprender: La esencia de la bioneuroemoción*, Barcelona, El grano de mostaza, 2015.

14 Julia Cameron, *El camino del artista. Un curso de descubrimiento y rescate de tu propia creatividad*, Madrid, Aguilar, 2011.

15 Rhonda Byrne, *El secreto*, Nueva York, Atria Books, 2007.

16 Carl Honoré, *Elogio de la lentitud: Un movimiento mundial desafía el culto a la velocidad*, Barcelona, RBA Libros, 2005.

17 Andrew Cohen, *Iluminación evolutiva: Un nuevo camino hacia el despertar espiritual*, Barcelona, Ediciones Obelisco, 2012.

CAP. 2

1 http://www.elmundo.es/economia/2014/04/04/533e779dca4741bc708b4571.html.

2 Antoine de Saint-Exupéry, *El Principito*, Editorial Sirio, 2006, p. 64.

3 http://consalud.es/pacientes/la-soledad-un-factor-de-riesgo-de-las-enfermedades-dermatologicas-25017.
4 http://www.institutoqigong.com/el-qigong/estructura-del-qigong/relacion-organo-emocion.
5 http://www.naturalternativa.net/los-7-chakras/.

CAP. 3

1 https://www.buzzfeed.com/gretaalvarez/parejas-que-se-conocieron-en-internet?utm_term=.nax9DaM0W#.tp8y5DKrJ.
2 http://www.vanguardia.com/entretenimiento/revista-nueva/354863-me-ennovie-por-tinder-y-me-zafaron-por-whatsapp-historia-de-un-.
3 Jorge Bucay y Silvia Salinas, *Amarse con los ojos abiertos,* Barcelona, RBA Libros, 2012.
4 http://10coach.com/blog/entry/69-el-valor-de-la-confianza.html.
5 Daniel Goleman, *La inteligencia emocional,* Barcelona, Ediciones B, 2015.

CAP. 5

1 http://psycnet.apa.org/psycinfo/1966-05356-001.
2 Antoine de Saint-Exupéry, *El Principito,* Ciudad de México, Selector Editorial, 2001.
3 https://news.virginia.edu/content/human-brains-are-hardwired-empathy-friendship-study-shows.
4 https://apolpunset.fundacionmapfre.org/la-naturaleza-social-del-ser-humano.
5 Wayne Dyer, *Tus zonas sagradas,* Nueva York, Penguin Random House, 2014.
6 *Idem.*
7 http://www.ncbi.nlm.nih.gov/pubmed/9569648.
8 http://www.muyinteresante.es/ciencia/articulo/ipor-que-necesitamos-los-abrazos.
9 https://news.upenn.edu/news/research-suggests-friendships-are-built-alliances
10 http://www.vhebron.net/documents/10165/10190667/GUIA_PADRES_NEONAT_DEF_CASTELLA.pdf.
11 https://facundomanes.com/2014/12/21/la-plasticidad-del-cerebro/.
12 http://www.tendencias21.net/La-imitacion-potencia-la-capacidad-de-adaptacion-y-la-creatividad-humanas_a4311.html.
13 http://dle.rae.es/?id=4VBSiPq.

14 http://www.psiquiatria.com/psicologia/un-estudio-analiza-el-proceso-del-perdon-en-relaciones-interpersonales-como-la-amistad-o-la-pareja/#.

15 http://www.20minutos.es/noticia/2734434/0/tolerancia-dolor-numero-amigos-relacion/.

16 http://www.abc.es/ciencia/abci-descubren-lugar-cerebro-donde-nace-generosidad-201512142103_noticia.html.

17 http://www.elnuevodia.com/estilosdevida/saludyejercicios/nota/lagenerosidadhacealaspersonasmasfelices-2203329/.

18 http://institutodelbienestar.cl/el-valor-de-la-generosidad/.

CAP. 6

1 www.midatacredito.com.

2 http://www.eltiempo.com/archivo/documento/MAM-971043.

3 Deepak Chopra, *Las siete leyes espirituales del éxito,* Barcelona, EDAF, 1996.

4 Crearte Coaching: www.creartecoaching.com.

5 http://tusfinanzas.ec/tag/finanzas-personales/.

6 Torkom Saraydarian, *El discípulo: su desafío esencial,* Buenos Aires, Kier, 2005.

7 http://www.dineroenimagen.com/blogs/colegio-de-contadores-publicos-de-mexico-ac/10-puntos-considerar-para-tener-buenas-finanzas.

8 http://elibravo.com/la-real-sabiduria/.

9 Azim Jamal y Harvey Mckinnon, *El poder de dar: Cómo el acto de dar nos enriquece a todos,* Barcelona, Luciérnaga, 2010.

10 http://blogs.20minutos.es/becario/2009/09/16/trece-ganadores-la-loteraaa-arruinaron-sus-vidas/.

CAP. 7

1 http://dle.rae.es/?id=GzAga0a.

2 http://www.bemocion.msssi.gob.es/emocionEstres/estres/consecuencias/rendimiento/home.htm.

3 http://www.ericsson.com/events/mwc2016/global-insights/the-stress-of-streaming-delays/.

4 http://www.bemocion.msssi.gob.es/emocionEstres/estres/home.htm.

5 http://clinicacunill.com/es/aplicaciones/estres/como-afecta-el-estres-a-nuestro-cuerpo/.

6 http://www2.esmas.com/salud/632677/estres-afecta-salud-dolores-cabeza-presion-arterial-insomnio-infarto-alopecia/.

7 http://equitablegrowth.org/report/the-benefits-and-costs-of-investing-in-early-childhood-education/.

8 http://www.lavanguardia.com/estilos-de-vida/20120914/54349508785/educacion-salud-longevidad.html.

9 http://www.ief.es/documentos/recursos/publicaciones/revistas/presu_gasto_publico/53_educacion.pdf.

10 http://guiafitness.com/beneficios-de-los-spa.html.

11 http://www.elespectador.com/noticias/nacional/primer-matrimonio-igualitario-cucuta-articulo-638724.

12 http://www.ceafa.es/actualidad/noticias/diez-mitos-sobre-cerebro-desmontados

13 http://www.academiasocrates.es/socrates/dialogo.php.

14 https://www.psychologytoday.com/blog/think-well/201110/the-art-constructive-criticism.

15 http://www.bmj.com/content/337/bmj.a2338.

16 http://www.lse.ac.uk/newsAndMedia/news/archives/2013/06/seaandsunequalhappiness.aspx.

17 http://elpais.com/elpais/2014/12/05/eps/1417796395_262217.html.

18 https://www.ocf.berkeley.edu/~eerlab/pdf/papers/2011_Gruber_Dark_Side_of_Happiness.pdf.

ISMAEL CALA es autor inspiracional, conferencista internacional sobre temas de desarrollo personal y liderazgo y comunicador. Es el fundador y presidente de CALA Enterprises Corp., empresa de producción de contenidos que influyen en el desarrollo de personas y organizaciones en temas de liderazgo, *mindfulness*, productividad y cultura de la excelencia.

Ha publicado los libros *El poder de escuchar, Un buen hijo de P..., EsCALA a otro nivel, El secreto del bambú, El analfabeto emocional, Cala y Cruz: Las dos caras de la comunicación* (junto con Camilo Cruz), *Ser como el bambú* y *La vida es una piñata*.

Durante más de cinco años, Ismael estuvo a cargo de CALA, el programa de entrevistas en horario estelar de CNN en Español. Actualmente es colaborador en el *show Despierta América*, de la cadena Univision, y escribe una columna semanal para más de cincuenta publicaciones de América Latina y Estados Unidos. El diario *The New York Times* lo llamó "el Larry King latino".

Ismael se ha convertido en el colaborador más importante de expertos mundiales, como John C. Maxwell y Deepak Chopra, para desarrollar proyectos dirigidos a los hispanohablantes. Además es el presidente de la Fundación Ismael Cala, cuya misión es trabajar en la formación vocacional, liderazgo e inteligencia emocional de niños y jóvenes en Latinoamérica y en la comunidad hispana de Estados Unidos.

www.ismaelcala.com

@cala

/ismaelcala

ismaelcala